我国引航发展模式研究

眭 凌 梁晓杰 张晓利 黄起龙 主编

人民交通出版社股份有限公司

北 京

内 容 提 要

本书在对引航属性认识、我国引航历史回顾的基础上，重点评估了新一轮我国引航管理体制改革的现状，借鉴国外引航体制模式，综合考虑引航体制改革模式的可行性，对“公益二类事业单位、政府特许经营和民间组织模式”三种模式进行比较分析，并提出了引航下一步深化改革的总体思路。

本书可以为我国交通运输主管部门做决策提供参考，也可以供港口所在地政府及港口行政管理部门的决策者阅读。

图书在版编目(CIP)数据

我国引航发展模式研究 / 眭凌等主编. —北京：人民交通出版社股份有限公司，2023.10

ISBN 978-7-114-18263-1

Ⅰ.①我… Ⅱ.①眭… Ⅲ.①领航—发展模式—研究—中国 Ⅳ.①U675.98

中国版本图书馆 CIP 数据核字(2022)第 190609 号

Woguo Yinhang Fazhan Moshi Yanjiu

书　　名：我国引航发展模式研究
著 作 者：眭　凌　梁晓杰　张晓利　黄起龙
责任编辑：郭晓旭
责任校对：赵媛媛　龙　雪
责任印制：刘高彤
出版发行：人民交通出版社股份有限公司
地　　址：(100011)北京市朝阳区安定门外外馆斜街 3 号
网　　址：http://www.ccpcl.com.cn
销售电话：(010)59757973
总 经 销：人民交通出版社股份有限公司发行部
经　　销：各地新华书店
印　　刷：北京交通印务有限公司
开　　本：787×1092　1/16
印　　张：6.25
字　　数：139 千
版　　次：2023 年 10 月　第 1 版
印　　次：2023 年 10 月　第 1 次印刷
书　　号：ISBN 978-7-114-18263-1
定　　价：50.00 元

本书编写人员

主　　编：眭　凌　梁晓杰　张晓利　黄起龙

参编人员：李忠奎　李晓峰　徐　萍　王思远　李燕霞
马睿君　周艾燕　丁芝华　李　琼　李　胤
闫　磊　涂梅超　张　琦　王宝春　余　静
王熤琳

序

Foreword

引航作为港口服务的一项重要内容和关键环节，在我国航运和港口事业大发展的过程中发挥了不可替代的重要作用。2011 年 3 月，《中共中央　国务院关于分类推进事业单位改革的指导意见》（中发〔2011〕5 号）出台，指出要科学划分事业单位类别，在清理规范的基础上，按照社会功能将现有事业单位划分为从事公益服务、主要承担行政职能和主要从事生产经营活动三个类别。引航发展模式的选择是港口管理体制改革的重要组成部分，是事业单位自身角色的重新定位，是进一步推进事业单位改革，建立适应社会主义市场经济体制要求的社会公共服务体系的大势所趋。为了使引航在新的经济环境下更好地促进港口事业的发展，确立科学合理的港口引航发展模式成为一个迫切需要研究的课题。

本书是作者多年研究引航机构运作模式和引航体制管理的成果集成，也是不断思考引航体制改革实践的结晶。本书在分析港口引航的基本理论和属性、评价我国引航历史沿革与引航体制机制现状、对比典型国家引航运作模式和港口引航发展模式的基础上，提出适合我国实际的引航发展模式建议方案和下一步改革的总体思路。

本书共七章，主要结论如下。

(1)引航的属性：引航是个特殊行业，技术服务性强，从业人数少，又高度分散。引航工作是一项公共服务事业，既有维护国家航权的职能，又要为中外船舶提供公开、公平、公正的引航服务；既要为船舶和企业的效益服务；更要保障港口的公共安全。

(2)引航的历史沿革：伴随我国港口管理体制的几次重大变革，引航发展经历了引航业恢复期、计划经济管理期、过渡转型期和新一轮引航管理体制改革期四个历史时期，促进了我国引航业的发展，为国民经济的发展作出了贡献。本书阐述了我国在不同历史阶段引航发展的政府运作、企业运作、事业机构三种模式的形成和优劣势。

(3)现行的引航体制机制及形势、要求:评价了我国在引航管理体制、引航机构、引航队伍、引航申请与实施、引航费管理以及引航发展存在的问题等方面的现状。

(4)典型国家引航运作模式:介绍了美国、加拿大、德国、法国、荷兰、比利时、英国、南非、埃及、土耳其、日本、新加坡引航发展模式,对我国进一步理顺引航管理体制、促进引航事业的发展具有一定的借鉴意义。

(5)我国引航发展改革模式比较分析及下一步深化改革的对策建议:对公益二类事业单位、政府特许经营和民间组织模式进行了介绍和比较分析。探索了法定机构、公益三类事业单位和专项事业编制模式等其他行业和地方机构运行模式。我们推荐的引航机构发展模式是公益二类事业单位,并给出了下一步深化改革的对策建议。

本书得到了交通运输部水运局和中国引航协会的指导和支持,得到了港航管理领域的专家学者和广大同人的点拨与鼓励,并参考了许多专家学者的研究成果,在此一并表示最衷心的感谢。书中纰漏之处诚望各位领导、各界专家和广大读者批评指正。

眭　凌

2022 年 3 月 25 日

目　录

Contents

第一章　引航相关理论与属性认识

第一节　对引航的基本认识

一、引航的定义

船舶引航，旧称引水、领港、带水或领江，是指在一些港口、运河、江河入海口、难航海峡或内河水域内，熟悉本航区的专业驾驶人员登上船舶，就该船驶抵目的地的有关安全航行问题，为船长提供建议和忠告，或者在不解除船长对于全船驾驶责任的情况下，代替船长实际操纵该船舶。这是传统意义上船舶引航的定义。各个国家对船舶引航有不同的认识，我国对其定义也在逐步明确。中华人民共和国港务监督局 1994 年编辑出版的《水上安全监督手册》一书中将引航定义为："持有引航员证书的引航员将船舶从一个地点引领到另一个地点的行为。" 2021 年 9 月 1 日修正的《船舶引航管理规定》（交通运输部 2021 年第 25 号令）第三条规定："船舶引航是指引领船舶航行、靠泊、离泊、移泊的活动。"新修订的《中华人民共和国海上交通安全法》（以下简称《海安法》）于 2021 年 9 月 1 日施行，《海安法》第三十一条规定："引航机构应当及时派遣具有相应能力、经验的引航员为船舶提供引航服务。引航员应当根据引航机构的指派，在规定的水域登离被引领船舶，安全谨慎地执行船舶引航任务。被引领船舶应当配备符合规定的登离装置，并保障引航员在登离船舶及在船上引航期间的安全。引航员引领船舶时，不解除船长指挥和管理船舶的责任。"

二、引航的基本要素

开展引航活动需要具备的基本要素包括引航区、引航机构、引航员、引航服务对象（船舶）等。

1. 引航区

为了便于管理和确保船舶航行安全，都会在港口或特定水域的一定范围内划定引航区。引航区的界定在法律上具有非常重要的意义，引航机构的作业范围、引航费的支付、引航事故的适用法规等都以引航区为基础。我国《船舶引航管理规定》第三条规定："引航区是指在中华人民共和国沿海、内河和港口为引航划定的区域。"德国引航法第二条规定："引航区是指基于该水域的航海安全，设置有统一固定引航机构的航线区域。"

2. 引航机构

我国《船舶引航管理规定》第三条规定："引航机构是指专业提供引航服务的法人。"我国沿海港口引航按照"一个港口一个引航机构"的原则设置，引航机构隶属于各地的港口行政管理部门，航行在长江的船舶由长江引航中心统一负责引航。海事部门是实施船舶强制引航的管理机构，同时负责引航员的资质和引航安全的监督管理。引航机构按照政府主管部门的要求从事引航服务。

3. 引航员

我国《船舶引航管理规定》第三条规定："引航员是指持有有效船员适任证书，在某一引航机构从事引航工作的人员。"至今仍具有法律效力的1894年的《英国商船法》第七百四十二条明确规定："引航员是指任何不属于船上，但在船上引导船舶航行之人。"

4. 引航服务对象(船舶)

我国《船舶引航管理规定》第三条规定："船舶是指任何用于水面、近水面和水下航行或者移动的船、艇、筏、移动式海上平台，包括国内外商船、军用船舶、公务船舶、工程船舶和渔船等。"

三、引航的分类

1. 按照引航制度划分

各国都建立了一套适合各自国情和独特环境的引航制度，并提供引航员引领船舶，避免不必要的危险发生。《中华人民共和国港口法》(以下简称《港口法》)第三十九条规定："依照有关水上交通安全的法律、行政法规的规定，进出港口须经引航的船舶，应当向引航机构申请引航。引航的具体办法由国务院交通主管部门规定。"按照引航制度的规定划分，引航主要分为强制引航与自愿引航。

1)强制引航

强制引航是指：通过法律强制船长雇用引航机构依据其轮值表派遣的有证照的引航员引航。

我国《船舶引航管理规定》第九条规定："下列船舶在交通运输部划定的海上引航区内航行、停泊或者移泊的应当向引航机构申请引航：(一)外国籍船舶，但交通运输部经报国务院批准后规定可以免除的除外；(二)核动力船舶、载运放射性物质的船舶、10万总吨及以上油轮；(三)可能危及港口安全的散装液化气船、散装危险化学品船；(四)长、宽以及吃水或者水面以上高度接近相应航道通航条件限值的船舶"。我国《船舶引航管理规定》第十条规定："下列船舶在内河航行，应当向引航机构申请引航：(一)外国籍船舶；(二)1000总吨以上的海上机动船舶，但船长驾驶同一类型的海上机动船舶在同一内河通航水域航行与上一航次间隔2个月以内的除外；(三)长、宽以及吃水或者水面以上高度接近相应航道通航条件限值的船舶；(四)在长江干线航行的下列船舶：1. 客位500人及以上且载客航行的客船，但旅客班轮、渡船除外；2. 1万总吨及以上且载运闪点小于23℃的散装液体化学品船；3. 载运《国际散装危险化学品船舶构造和设备规则》中X类的散装液体化学品船。"

意大利、美国等大多数国家都有强制性引航制度。例如，美国各州都有自己的强制引航规定和强制引航水域，各州不尽相同，如加利福尼亚州法律规定，所有300总吨以上的外籍船舶和部分本国轮船进出规定水域必须申请引航。

2）自愿引航

自愿引航是指实施强制引航以外的港口、沿海、内河或湖泊的航行区域，其船舶进出港口与航行均可由船长自行引领，对船舶是否雇用引航员引领不作硬性规定。实施自愿引航制度是赋予船长雇用引航员的自由裁量权，船东或船长要求雇用引航员多是基于船舶的安全和航行的效率考虑，而非法律上的强制性要求，如欧洲地区的深海引航。我国《船舶引航管理规定》第十一条指出："船舶自愿申请引航的，引航机构应当提供引航服务。"

2. 按照引航服务范围划分

根据引航员提供服务的水域范围，引航可分为港口引航、内河引航、沿海引航、深海引航和靠、离泊引航。我国《船舶引航管理规定》第二条指出："在中华人民共和国沿海、内河和港口从事船舶引航活动适用本规定。"

1）港口引航

港口引航指专门引领船舶进、出指定港口的行为。

2）内河引航

内河引航指专门引领船舶航行于指定河段的行为。

3）沿海引航

沿海引航指专门引领船舶航行于同一当地港口管理部门管辖海域内的沿海岛屿众多、交通频繁或者潮流湍急的一段航程的行为。

4）深海引航

深海引航指经交通主管部门核准专门引领船舶航行于当地港口管理部门管辖海域之外的行为。其执行业务的水域并不局限于同一国家的水域，有时会跨越数个国家。我国目前为止还没有开展深海引航业务，英国、法国和德国等国家均有深海引航的业务。

5）靠、离泊引航

靠、离泊引航专门指引领船舶靠离码头和泊位的行为。欧美国家的一些港口都设置在距离河口很远的上游内陆处，引航员在内河引领时要经过弯曲绵延的河道，加上码头附近的船舶交通频繁或者水流湍急多变，使得靠、离码头作业困难费时，为了保持内河引航员的体力，都会让其他引航员担任靠、离泊引航。

四、引航的目的

引航是由船方申请、引航员登轮操纵和驾驶船舶的行为，负责引领中外船舶进出港口，为进出港船舶提供引航技术服务，是港口运行中的重要环节。其根本目的是保证船舶在狭水道、海峡、运河、港口航道和港内的航行与移泊安全，维护港口正常经营秩序、服务港口安全生产，也是国家主权及其维护的重要体现（指强制引航）。具体来说，其主要目的如下：

第一，保证船舶和港口设施的安全、维护正常航行秩序。引航是海上货物运输所催生出来的必需品。航运企业为了保障其所有的船舶在港区内的航行安全需要引航服务;港口装卸企业为了合理安排装卸作业,保障装卸作业的安全也需要引航服务。引航员熟悉港口水文、气象情况,了解港口交通状况、熟悉当地语言,所以有助于保障船舶在港内的航行安全;同时,引航员之间配合比较默契,与港口管理部门等沟通也比较顺畅,因此可以更好地维护航行秩序。

第二,维护国家主权。引航与国家主权和国防安全密切相关,港口的航行条件和各种设施可看作是一个国家的水域“门户”,引航员则相当于“守门人”,因而不少国家基于国家安全和军事的需要都对进出港口的外国籍船舶实施强制引航,并规定引航员必须由本国公民担任,这是一国引航权的体现。但是,引航目的在于维护国家主权应仅限于强制引航的情况中,因为在我国非强制引航是不涉及外轮的,通常只针对本国船舶,自然也不涉及主权的问题。

第三,加快港口作业速度和船舶港区运行效率。港口作业和船舶港区内的运行是密不可分的,要想保证港口作业的顺利进行,首先要确保船舶能够有条不紊地在港内航行。在整个水上货物运输过程中,正是通过引航活动实现了水上货物运输与港口的有效对接,因此引航工作的顺利与否会对整个水上货物运输的效率产生很大影响,引航是水上运输至关重要的一环。

第二节　引航的特征与属性

一、引航的行业特征

在港口竞争日益激烈的今天,引航对于港口发展的重要性也日渐突显。引航既是船舶在港运作的起点或终点,也是连接船舶和港口的桥梁,具有技术要求高、安全风险大、市场容量小等特点。

1. 技术要求高

引航是个特殊行业,技术服务性强,需要借助拖轮、交通船之类的辅助设备,主要依靠引航员的技术和经验提供引航服务。具体来讲,引航涉及船舶操纵、航海领航、航行规章、气象潮汐以及现代化的仪器导航等多门学科。除传统引航作业方式外,引航技术还包括海上油田单点系泊、并靠作业、钻井平台拖带、无动力船舶拖带、船舶过闸操纵等技术,是航海技术在港口水域内的具体运用。因此,世界各国对引航员的任职条件都有严格要求,即引航员必须具有一定的船舶驾驶经验和操纵技能,熟知该水域的航行条件及有关规章制度,并取得相关主管机关资格认可等条件。

2. 安全风险大

引航是高风险服务行业。港口的自然条件复杂,船舶通行密度高,引航作业难度大,有的引航作业时间长,单次引航作业就需要 2 ~3 天的时间,引航潜在事故风险大。另外,一些船舶公司由于盲目追求经济利益,对船舶机器设备缺乏维护和保养,对船员缺乏必要的专业培训,致使老旧船舶日益增多,船舶机器设备故障时有发生,在一定程度上增加了引航的风险。如果由于引航过失发生引航事故，不但会给船公司或港口造成巨大的经济损失，带来海域污染，还会严重影响港口生产秩序，甚至危及人身安全。

3. 市场容量小

引航服务的产生和消费同时进行，引航服务局限于特定的群体，不具有替代性。引航服务的供给与需求比较有限，市场规模并不大，并受进港航道条件和停泊码头数量限制。很多港口的进港航道是单向航道，航道狭窄，停靠泊位有限，即使引航需求较大，如果航道条件和码头设施不能满足船舶停靠，引航服务仍无法完成。因此，绝大多数国家和地区的引航市场受政府严格控制，规定一个水域只允许存在一家引航机构。

二、引航的属性

1. 引航服务具有公益性

引航与港口、航运紧密相连，引航的目的是保障国家主权、港口生产安全和生态环境、维护港口生产环境，直接关系到国家的主权和公共利益，关系到国家港口的安全和综合竞争力，对一个国家的经济发展、国防安全、海洋生态环境保护具有重要意义，具有很强的公益性。我国《海安法》和《船舶引航管理规定》规定，外国籍船舶在交通运输部划定的海上引航区内航行、停泊或者移泊的，应当向引航机构申请引航。引航机构代表国家对外国籍船舶行使这一权利，维护国家主权，其行为具有明显的公益性。此外，随着社会制度和科学技术的不断发展，引航业正从着眼主权、国防、技术向注重安全、秩序、效率过渡，在日益发展的港航经济中起着越来越重要的作用。港航经济发展需要更加顺畅的船流，顺畅的船流需要更加高质量的引航服务。从这个意义上讲，引航服务质量不仅关系港口和船舶的效率、安全以及港口水域的生态环境，而且会直接影响到整个物流链正常运转乃至社会稳定和民生。

2. 引航服务具有准公共物品属性

通常，我们把具有排他性和非竞争性的公共物品，或具有非排他性和竞争性的公共物品称为“准公共物品”。

船舶引航是港航经济运行中的一个重要组成部分，它既有浓厚的政府强制色彩，又是一项专门的技术；它不但要维护国家的主权，而且要为港口设施及航行港口水域的船舶提供安全保证。从服务的非竞争性、非排他性以及是否产生外部效益来看，引航具有准公共物品属性。

从非竞争性来看，引航服务具有一定范围内的非竞争性，即在非拥挤的条件下，为所有航运企业提供优质服务，体现公共性，船公司作为消费者对引航服务的消费不会影响他人的利益，船公司之间不存在利益上的冲突。与纯公共物品相比，引航服务具有较强的排他性，也就是说，使用引航服务是有条件的，它通过收取一定的船舶引航费用来实现其服务功能，否则将被排除在使用者之外。但是，引航服务不以营利为目的，其收益除了用于基本的引航员工资之外，主要用于引航员队伍建设和设施维护与更新、港口发展等方面。这种收益不仅是引航生存和持续发展的重要保障，也是港口具备整体服务功能的基本要求。

3. 引航服务具有自然垄断性

由于客观上提供的产品和服务具有资源稀缺性，提供这些产品和服务的企业因为规模经济性、范围经济性的存在兼及成本的劣加性的综合作用，一系列相关生产企业容易聚合成一家企业或者少数几家企业的可能性大大增加，产品和服务完全由其供给，这样由于种种经济或非经济的原因，企业间逐渐形成的垄断称作自然垄断。

引航服务符合自然垄断的形成条件，具有显著的自然垄断性。首先，引航服务的替代弹性很小，引航机构有相对固定的经营区域，为特定的客户群体提供服务，形成相对稳定的产品需求，在不同港口之间的竞争性很弱，容易形成垄断。其次，船舶在港口水域航行不仅涉及进出港口船舶的安全，还涉及其他过往船舶和港口码头设施的安全以及海洋环境保护等公共安全与利益，而引航服务具有技术性强、风险高、市场容量小的特点，进行竞争会出现各引航机构抢占航道、锚地、拖轮以及泊位的混乱局面，存在很大的安全隐患。若在进港航道发生安全事故，会造成港口在一定期间的瘫痪，造成重大经济损失和政治影响。国际实践经验表明，所有试图依靠引入竞争机制来降低引航费用、提高引航服务的举措都导致了更多的损失，给航行安全造成了极为恶劣的影响。

第二章　我国引航的历史沿革

伴随我国港口管理体制改革，引航发展经历了引航业恢复期(1949—1952 年)、计划经济管理期(1953—1983 年)、过渡转型期(1984—2004 年)和新一轮引航管理体制改革期(2005 年至今)四个历史时期，改革促进了我国引航事业的发展，为不同时期国民经济的发展做出了贡献。

第一节　引航的历史发展阶段

一、引航业恢复期

1949 年至 1952 年，我国引航业处于恢复期。为适应全面开展战后经济建设的需要，引航在这一时期的主要工作是设立机构、明确职责、建章立制，设立海港监督部门，明确引航职责。

1950 年，我国在《关于 1950 年航务工作的决定》中提出了新中国引航工作纲要。1952 年交通部召开了全国港口海运专业会议，决定在全国各港务局设立"海港监督部门"，简称港监，代表国家行使管理港口的职权，对进出港口的外籍船舶进行监督管理。港监下设监督、引水(信号)和海事三部分。引水(信号)部分的职责有二：一是领导引航工作，管理引航员，并负责引航技术设备的研究与改进；二是组织研究与办理港内信号标志及通信工作，保证其适用于良好状态，注视一切有关危害船舶及港口的警报，并及时转报。港监领导引航、主管引航事务的体制一直保持至 20 世纪 80 年代中期港口体制改革。

1952 年交通部先后颁布《外籍轮船进出口管理暂行办法》和《本国轮船进出口管理暂行条例》，明确对外轮及超过一定吨位的本国轮船实施强制引航。强制引航作为主权独立的一个具体体现，对于新中国具有重要意义。

引航由国家正式接收、统一管理后，成为港口(或航政)管理部门的一项直接业务，服从港务局的统一安排和调度。中国籍的引航员全部转为正式国家公职人员，定时领取薪水。

二、计划经济管理期

1953 年至 1983 年，我国处于计划经济体制时期，各项法规的颁布明确了沿海港口的引航工作由港务局负责，港务局统一管理引航业务；长江引航管理体制与沿海港口不同，长江航运管理局推行全线统一领导，分段分级统一管理、经营长江沿线港航事务。

1953 年交通部颁发《海港引水暂行通则》，这是新中国第一部专门的引航规章。《海港引水暂行通则》规定了引航员资格要求、引航申请和指派、引航主管机关、引航员与被引船长的关系等，为新中国引航事业的发展奠定了基础。

1954 年我国颁布了《中华人民共和国海港管理暂行条例》,明确规定港务局是政企合一的性质,统一管辖海港行政管理工作与各项业务,引航工作也归港务局负责,具体由港务局下辖的港口监督部门领导、实施。至此,引航业纳入港口系列,既承担维护国家航权的职能,又服务于港口生产。各地港务局根据《海港引水暂行通则》的规定和交通部有关要求,先后制定本港引水实施细则,对本港的引航区域、引航工作的组织领导、申请引航的手续和要求等做了具体的规定,确保了引航业务正常、有序地开展,促进了引航业的逐步发展。

长江引航管理体制与沿海港口不同。长江引航全部收归国家管理后,1954 年随着长江航运的改革,引航被纳入了政企合一的管理体制。1954 年初,长江航运管理局推行全线统一领导,分段分级统一管理,经营长江沿线港航事务。以长江淞汉段为例,1954 年初,长江航运管理局上海分局(后改名为长江轮船公司上海分公司)引水站正式成立,负责组织、管理长江淞汉段的引航业务。此后,长江航运机构几度更名,但引航仍由其管辖,直到 20 世纪 80 年代初才有较大变化。

交通部 1959 年 3 月颁发了《我国沿海各港口船长自行引航的暂行规定》,1959 年 12 月颁发了《中华人民共和国交通部关于海港引水工作的规定》,更加强调了引航权和引航作为国家主权的涉外工作特点,淡化了引航的服务业务,以确保船舶在港口水域安全航行的职能。1976 年交通部颁发《中华人民共和国交通部海港引航工作规定》,进一步强化了引航的主权性和涉外性,对被引船舶的义务做了规定,但对引航员这个职业群体的地位、权利、义务等都没有具体规定,船舶引航的安全和效率也没有得到充分的体现。1980 年 4 月,交通部颁发《海港引航工作条例》(试行)。该条例中对引航机构及负责人的职责、引航员的任务、资历和等级、引航员的职责、引航的安全保证工作、奖惩等做了比较详细的规定。同年颁布的相关法规还有《海港引航员安全操作守则》和《海港引航员考试大纲(试行)》,这为引航员队伍建设并使之走向规范化奠定了基础。

三、过渡转型期

1984 年至 2004 年这一阶段迎来了港口管理体制改革,由交通部直属的沿海港务局所属的港务监督被划出,成立水上安全监督局,引航仍由港务局管理,地方引航仍然由水上安全监督局管理。引航进入多种管理体制并存的过度转型期。

随着我国社会主义市场经济体制的逐步发展和完善,港口市场化程度不断提高,港口多种经济成分逐步并存,引航隶属于某一企业管理的体制已不适应时代发展的要求。20 世纪 80 年代,蛇口港的码头经营情况比较复杂,既有全民所有制性质的码头公司,又有中外合资或独资经营的码头,而不像其他港口那样以全民所有制的港务局为主。因而将引航部门划归为港务管理机构在这里无法实施。根据这一特殊情况,也为了深化港航交通系统的改革,实行真正的政企分开,相关部门提出了创办一家隶属于招商局蛇口工业区,但又独立自主经营的新型引航公司,实行企业化运作的设想,并作为引航体制改革的一个试点来进行。1988 年 4 月 1 日,蛇口港引航业务从港务监督分出,蛇口南方船舶引航服务公司正式开始运作。1992 年 10 月党的十四大明确提出了“我国经济体制改革的目标是建立社会主义市场经济体制”,1993 年《中华人民共和国宪法》修正案第七条规定“国家实行社会主义市场经济”。1994 年 1 月,交通部和海南省决定对引航机构进行改革,组建海南省船舶引航公司。该公司直属于海南省交通厅，实行独立核算、自负盈亏、自我发展、自我约束，具有独立的企业法人资格。1997 年，国务院在深圳口岸实行口岸管理体制综合试点改革，将深圳东西两个港区的引航站从企业整体划出并合并，隶属于深圳市港口管理局；1997 年 3 月 30 日，根据国务院办公厅转发的《关于深圳口岸管理体制改革试点方案》，深圳市人民政府以深府〔1997〕86 号文件转发交通部制定的《深圳港口引航管理办法》成为我国新一轮引航体制改革的先导。此后，国内引航体制发生了重要变革，1997 年 6 月 18 日，长江引航中心在江苏太仓正式成立，原属于长江沿线各港监局的引航站划归该中心集中管理，为长江"一水一引"奠定了基础。部分港口先后将引航部门调整为独立核算、自负盈亏的经济实体，成为港务局下属的单位，引航机构作为一个相对独立的业务机构开始有了比以前更大的自主性，引航进入了多种管理体制并存的时期。

2001 年，国务院以国办发〔2001〕第 91 号文件转发了交通部、国家计委、国家经贸委、财政部、中央企业工委联合颁发的《关于深化中央直属和双重领导港口管理体制改革的意见》，提出了以"下放地方属地管理""政企分开，一港一政"和"规范市场，依法经营"作为新一轮港口管理体制改革的三大基本原则。三大基本原则的确立为港口行政管理部门的角色定位、政府与市场之间的关系以及市场本身培育和发展提供了明确的指引。从时间上看，引航管理体制改革与港口管理体制改革并不完全同步。2001 年启动港口管理体制改革时，在制度设计上给了港口引航管理体制改革一定时间的过渡期。这期间，引航机构仍然保留在由港务局改制的港口集团企业内。

2001 年 11 月，交通部在广泛吸收世界引航管理和我国引航管理体制先行试点经验的基础上，颁发了《船舶引航管理规定》（交通部令 2001 年第 10 号）。该规定分总则、引航机构、引航员、引航申请与实施、罚则等 6 章，涵盖了引航管理工作的所有方面，在指导我国引航事业发展中发挥了重要作用，从主权、安全、效率多方面对引航行业管理和引航工作做出了规定，为确保船舶引航的安全和效率提供了法律规范。

四、新一轮引航管理体制改革期

2005 年以来是我国引航发展史上的重要阶段，是新一轮的引航体制改革期。

2005 年 10 月交通部出台的《关于我国港口引航管理体制改革实施意见的通知》（交水发〔2005〕483 号）指出："将沿海港口的引航机构从港口企业中分离出来，成立具有独立法人资格的事业单位，隶属于所在地港口行政管理部门，为进出港口船舶提供引航服务。"这标志着我国新一轮引航管理体制改革的全面启动。

2006 年，交通部《关于加强港口引航管理工作的若干意见》（交水发〔2006〕293 号）要求各省（区、市）交通主管部门和港口行政管理部门在地方政府的领导下，结合本地实际，加快推进引航管理体制改革，建设一支管理规范、安全引领、公平服务、高效廉洁的引航队伍，使引航服务的效率更高、质量更好、安全更有保障，适应我国港口又快又好发展的要求。

为配合国家事业单位分类改革的要求，2012 年 7 月交通运输部印发了《关于推进全国引航机构事业单位深化改革的指导意见》（交水发〔2012〕308 号），指出在事业单位分类改革的过程中，各地要切实从引航工作的特殊性出发，保持引航机构为公益服务事业单位的性质。

2016 年 12 月 23 日，《交通运输部办公厅关于加强引航管理的通知》（交办水〔2016〕177

号)指出:"根据《港口法》规定和《国务院办公厅转发交通部等部门关于深化中央直属和双重领导港口管理体制改革意见的通知》(国办发〔2001〕91号)精神,引航机构为事业单位,沿海按'一个港口一个引航机构'设置,为进出全港所有码头的船舶提供引航服务,保持全国引航管理体制的统一性和完整性。"

第二节　引航不同历史阶段的运作模式

我国的引航发展大致经历了"政府运作""企业运作"和"事业机构运作"三类运作模式。

一、政府运作模式

在政府运作模式下,引航机构是政府的一个职能部门,引航员属于国家公务员体系。

1. 政府运作模式的形成

历史上,我国各地港务局既是管理机构,又按照企业模式运作和经营港口生产业务,港口体制是"政企合一"模式。1980年,交通部颁布的《海港引航工作条例》(试行)第三条规定:"各港务监督设置引航科(处或组),在港务监督长的领导下,负责本港引航工作。"这表明引航机构实施的是政府运作模式。在这样的背景下,《海港引航工作条例》(试行)规定在港务监督下设置引航科(处),完全符合当时的体制情况。

1983年前,我国的港口管理体制一直采用"政企合一"的管理模式。引航机构是港务局机关的一个内设处室,港务局政企合一,引航机构所有生产业务、行政管理、人事管理、财务管理等都由港务局负责。引航员的薪酬也由港务局统一管理,利润上缴港务局,由港务局作为企业统一向国家上缴利税。这种模式在计划经济下是可行的。

党的十一届三中全会之后,港口管理体制开始探索新的模式,20世纪80年代改变了"中央直管"模式,提出港口由交通部与地方政府共同管理,以地方政府管理为主的双重管理体制。这一阶段的改革虽然仅仅涉及中央和地方的关系,但是它打破了原有的单一管理模式,为进一步的改革奠定了基础。

2. 政府运作模式的优劣势

1)政府运作模式的优势

(1)引航直接代表政府行为,能够充分体现引航服务的主权性。

(2)引航可以体现为公众提供普遍服务的属性,有利于为港口和航运等企业提供公平、无歧视的引航服务。

(3)引航采用公务员管理体制,有利于引航服务的定价和收费,易于管理。

2)政府运作模式的劣势

(1)运行机制不灵活,容易导致引航服务效率低,难以满足港口对现代引航服务日益增加的需求。

(2)引航是一种有偿服务,没有政府行政职能,难以与政府机构运作模式相匹配。

二、企业运作模式

引航机构以企业的形式为所在港口提供船舶引航服务。

1. 企业运作模式的形成

《船舶引航管理规定》第三条和第四条规定:“引航机构是指专业提供引航服务的法人。”“市(设区的市、下同)级以上地方人民政府港口主管部门负责本行政辖区引航行政管理工作。”其中有关引航机构的法人定位,突出了引航机构的非政府运作模式。

2001 年底,我国在关于港口体制改革的文件中明确提出:“沿海港口的引航机构作为向各码头靠泊提供引航服务的单位,应从港口企业中分离出来。鉴于目前引航机构与港口企业分离的条件尚未成熟,为平稳过渡,引航机构尚未与港口企业分离的港口可暂维持现状,过渡期为三年。”这里所说的“港口企业”是指港务局改制后成立的港口集团企业。

因为引航机构隶属于某一港口企业,难以为整个港口提供公平的引航服务。当面临与其他港口企业竞争时,会利用干预手段,限制向其他港口企业提供引航或拖轮服务,甚至附加苛刻条件。另外,引航机构隶属于某一港口企业,引航安全存在隐患。例如,港口企业为争取货源或赶船期,往往会要求引航机构超规范引航,要求的富余水深一降再降,出现冒险引航的情况,使港口设施和船舶都存在安全风险。

2. 企业运作模式的优劣势

在企业运作模式下,引航服务由企业经营,并实施企业化管理,该模式具有如下优势:

(1)服务效率较高,注重为客户服务,提高引航的服务水平。

(2)能够提高引航设施设备的使用效率,促进引航技术进步。

(3)企业可以相对灵活地解决引航员的编制和薪酬标准问题,以适应港口生产发展的需要,有利于引航队伍的稳定和发展。

然而,一般企业所具备的追求经济利益最大化的本质,可能与引航所具有的公共安全属性产生矛盾。

三、事业机构运作模式

在事业机构运作模式下,引航机构隶属于地方港口管理部门,由交通部授权成为具有独立法人资格的公益性事业机构。

1. 事业机构运作模式的形成

2005 年交通部出台了《关于我国港口引航管理体制改革实施意见的通知》(交水发〔2005〕483 号),要求按照“一个港口一个引航机构”的原则,将沿海港口的引航机构从港口企业中分离出来,成立具有独立法人资格的事业单位。这标志着我国新一轮引航管理体制改革全面启动。2006 年下半年起,各地引航站经逐步重新登记后,开始实行由港口管理部门管理的事业单位体制。根据我国港口管理体制改革的总体目标和要求,引航机构成为独立于港口企业之外的自收自支的公益性事业单位。

此次引航管理体制改革对全国引航事业的发展起到了积极的推动作用。引航机构从企业中剥离,成为具有独立法人资格的事业单位,使引航机构的发展有更大空间,获得了较大自主权,从体制上保证了引航事业的可持续发展。

2. 事业机构运作模式的优劣势

在事业机构运作模式下,政府授权事业机构履行一定的政府管理职能,同时政府对该事业机构进行规范的管制,该模式将政府运作模式与企业运作模式有效结合到一起,可以较好地满足引航的属性要求。该模式有以下几个鲜明的优势:

第一,通过建立有效的监管机制,加强港口的安全管理,能够进一步完善港口行政管理职能,促进港口企业间的公平竞争。

第二,引航机构统一负责港口的引航业务,既具有业务专业性又具有相对独立性,有利于加强引航机构与各港口企业生产需求的衔接,进而为港口生产提供有力保障。

第三,引航机构运作机制来自政府授权,隶属于所在地港口行政管理部门,运作行为受到政府的管制,可避免其利用专营的优势地位谋利。

事业机构运作模式较好地体现了引航活动的公共服务及安全属性,同时兼顾了引航服务的经济性。然而,目前这一模式在发展过程中尚存在一些不足和问题,如引航机构发展不平衡问题、部分引航机构引航员编制问题、引航员薪酬体系问题、引航服务质量问题等。这些问题将随着引航管理体制改革的逐步推进得到解决。

第三章　我国现行的引航体制机制

第一节　引航管理体制

我国《港口法》第三十九条指出："依照有关水上交通安全的法律、行政法规的规定,进出港口须经引航的船舶,应当向引航机构申请引航。引航的具体办法由国务院交通主管部门规定。"根据《船舶引航管理规定》,交通运输部主管全国引航工作;市级以上地方人民政府港口主管部门负责本行政辖区引航行政管理工作;交通运输部设置的长江航务管理部门负责长江干线引航行政管理工作;海事管理机构负责引航安全监督管理工作。这些引航管理机构的职责如下。

一、交通运输部的引航管理职责

(1)负责制定国家引航政策和规章,并监督实施。

(2)负责划定、调整并对外公布引航区。

(3)负责批准引航机构的设置。

(4)会同有关部门制定引航收费标准和管理规定,并监督实施。

(5)负责引航业务管理和指导。

(6)负责引航员培训、考试和发证的管理工作。

二、市级以上地方人民政府港口主管部门的引航管理职责

(1)贯彻执行有关引航的法律、法规、规章和政策。

(2)负责筹建引航机构。

(3)负责监督管理引航收费。

(4)负责引航业务监督和协调。

三、海事管理机构的引航管理职责

(1)贯彻执行有关引航的法律、法规、规章和政策。

(2)负责对引航实施安全监督管理。

(3)组织实施引航员培训、考试和发证工作。

第二节　引航机构的设置与管理

引航机构的设置方案和引航具体范围,由市级地方人民政府港口主管部门根据引航业务发展需要向海事管理机构提出申请,经省级地方人民政府港口主管部门(直辖市除外)审核

后，报交通运输部批准。设置引航机构一般要符合以下两个条件：一是有为外国籍船舶和必须申请引航的中国籍船舶提供引航服务，且年引领船舶在600艘次以上的需要，或者在引航区内未设立引航机构的；二是引航区内有三名以上持有有效引航员适任证书的引航员。引航机构的主要职责如下：

(1)负责制定引航工作章程和管理制度。

(2)制订引航方案和引航调度计划。

(3)接受引航申请，提供引航服务。

(4)负责引航费的计收和财务管理工作。

(5)负责引航员的聘用、培训、晋升、奖惩等各项日常管理工作。

(6)参与涉及引航的港口、航道等工程项目研究工作。

(7)按国家规定负责引航信息统计工作。

为了更好地履行引航机构的责任，《船舶引航管理规定》指出：引航机构的负责人应当从具有丰富引航经验和良好管理能力的引航员中选拔；引航机构应当落实引航安全主体责任，配备必要的设施、装备和人员，建立并实施引航安全管理体系；引航机构应当不断提高引航工作服务质量和水平，对引航安全隐患应当及时采取有效的防范措施；引航机构应当对引航员进行培训，并保障引航员的休息时间、职业健康、工资报酬、社会保险等符合国家有关规定；引航员应当持有有效的引航员适任证书，服从引航机构的安排和管理，并按照有关规定开展引航活动。

我国现有45家引航机构：其中包括43家沿海引航机构，1家黑龙江引航站，1家长江引航中心。2018年我国45家引航机构的基本情况详见表3-1。

2018年我国45家引航机构的基本情况 表3-1

序号	机构名称	上级主管部门	引航具体范围
1	黑龙江引航站	黑龙江省航务管理局	从松花江的三江口至哈尔滨内河干线的船舶引航服务，进出黑龙江省对外开放港口区域的船舶引航服务
2	丹东港引航站	丹东市交通局	进出大东港区、浪头港区、石化码头及其所辖水域航道的船舶引航服务
3	大连港引航站	大连市港口与口岸局	进出大连港港口区域和大连市辖区的船舶引航服务
4	营口港引航站	营口市交通局	进出营口港港口区域和营口市辖区的船舶引航服务
5	盘锦港引航站	盘锦市交通局	进出盘锦港港口区域和盘锦市辖区的船舶引航服务
6	锦州港引航站	锦州市港口与口岸局	进出锦州港港口区域和锦州市辖区的船舶引航服务
7	葫芦岛港引航站	葫芦岛市港口与口岸局	进出葫芦岛港港口区域和葫芦岛市辖区的船舶引航服务
8	秦皇岛港引航站	秦皇岛海洋和渔业局	进出秦皇岛港港口区域和秦皇岛市辖区的船舶引航服务
9	唐山港引航站	唐山市交通运输局	进出唐山港港口区域和唐山市辖区的船舶引航服务
10	天津港引航中心	天津市港航管理局	进出天津港港口区域和天津市辖区的船舶引航服务，渤海海上油田船舶引航服务

续上表

序号	机构名称	上级主管部门	引航具体范围
11	黄骅港引航站	沧州市港航管理局	进出黄骅港港口区域和沧州市辖区的船舶引航服务
12	东营港引航站	东营市港航管理局	进出东营港及东营港附近水域的船舶引航服务
13	潍坊港引航站	潍坊市港航局	进出潍坊港港口区域和潍坊市辖区水域的船舶引航服务
14	烟台港引航站	烟台市港航管	进出烟台港港口区域和烟台市辖区的船舶引航服务
15	威海港引航站	威海市港航管理局	进出威海港港口区域和威海市辖区的船舶引航服务
16	青岛港引航站	青岛市交通运输委员会	进出青岛港港口区域和青岛市辖区的船舶引航服务
17	日照港引航站	日照市港航管理局	进出日照港港口区域和日照市辖区的船舶引航服务
18	连云港引航站	连云港市港口管理局	进出连云港港港口区域和连云港市辖区的船舶引航服务
19	盐城港大丰引航站	大丰区港口管理局	进出盐城港大丰港区的船舶引航服务
20	南通港沿海港区引航站	南通市港口管理局	进出南通港沿海港区的船舶引航服务
21	上海港引航站	上海市交通委员会	进出上海港港口区域和上海国际航运中心洋山深水港区的船舶引航服务
22	长江引航中心	长江海事局	进出宝山交接区以上的长江干线的船舶引航服务
23	嘉兴港引航站	嘉兴市港务管理局	进出嘉兴港港口区域和嘉兴市辖区的船舶引航服务
24	宁波引航站	宁波市交通运输委员会	进出宁波舟山港宁波港域和宁波市辖区的船舶引航服务
25	舟山引航站	舟山市港航管理局	进出宁波舟山港宁波港区域和宁波市辖区的船舶引航服务
26	台州港引航站	台州市港航管理局	进出台州港港口区域和台州市辖区的船舶引航服务
27	温州港引航站	温州市港航管理局	进出温州港港口区域和温州市辖区的船舶引航服务
28	福州港引航站	福建省福州港口管理局	进出福州港福州市辖区和平潭综合区辖区的船舶引航服务
29	湄洲湾港引航站	湄洲湾港口管理局	进出莆田港港口区域和莆田市辖区的船舶引航服务
30	泉州港引航站	福建省泉州港口管理局	进出泉州港港口区域和泉州市辖区的船舶引航服务
31	厦门港引航站	厦门港口管理局	进出厦门港港口区域和厦门市辖区的船舶引航服务
32	潮州港引航站	潮州市交通运输局	进出潮州港港口区域和潮州市辖区的船舶引航服务
33	汕头港引航站	汕头市港口管理局	进出汕头港港口区域和汕头市辖区的船舶引航服务，受委托为揭阳港、汕尾港提供引航服务
34	惠州港引航站	惠州市港务管理局	进出惠州港港口区域和惠州市辖区的船舶引航服务
35	深圳港引航站	深圳市交通运输委员会	进出深圳港港口区域和深圳市辖区的船舶引航服务
36	广州港引航站	广州港务局	进出广州港港口区域和广州市辖区的船舶引航服务
37	珠海港引航站	珠海市港口管理局	进出珠海港港口区域和珠海市辖区的船舶引航服务
38	江门港引航站	江门市交通运输局	进出江门港港口区域和江门市辖区的船舶引航服务

续上表

序号	机构名称	上级主管部门	引航具体范围
39	阳江港引航站	阳江市港航管理局	进出阳江港港口区域和阳江市辖区的船舶引航服务
40	茂名港引航站	茂名市港航管理局	进出茂名港港口区域和茂名市辖区的船舶引航服务
41	湛江港引航站	湛江市交通运输局	进出湛江港港口区域和湛江市辖区的船舶引航服务
42	广西壮族自治区北部湾港口管理局北海引航站	广西壮族自治区北部湾港口管理局	北海港（含北海市石步岭港区、海角作业区、铁山港区、涠洲岛及其附近石油设施钻井平台）
43	广西壮族自治区北部湾港口管理局钦州引航站	广西壮族自治区北部湾港口管理局	进出钦州港港口区域和钦州市辖区的船舶引航服务
44	广西壮族自治区北部湾港口管理局防城港引航站	广西壮族自治区北部湾港口管理局	防城港港口区域及防城港市辖区
45	海南省船舶引航站	海南省交通运输厅	进出海南省各港港口区域和海南省辖区的船舶引航服务

第三节　引航员的管理

根据2013年出台的《中华人民共和国引航员管理办法》（交通运输部令2013年第20号，以下简称《引航员管理办法》），引航员是指取得引航员任职资格并受聘于引航机构的人员，包括一级引航员、二级引航员、三级引航员。

一、引航员的管理机构及引领范围

1. 管理机构

根据《引航员管理办法》，交通运输部主管全国引航员管理工作；中华人民共和国海事局依照《引航员管理办法》负责统一实施全国引航员管理工作；负责管理中央管辖水域的海事管理机构和负责管理其他水域的地方海事管理机构（以下简称海事管理机构），依照《引航员管理办法》的规定具体负责引航员管理工作。

2. 引领范围

引航员取得引航员适任证书后，才可以引领相应种类和长度的船舶。2018年我国45家引航机构引航员的构成情况详见表3-2。引航员的引领范围分为海港和内河两个系列，海港引航员的引领范围是沿海港口及附近水域，内河引航员的引领范围是内河港口和航线。海港、内河一级引航员可以在各自的引领范围内引领任何船舶。海港二级引航员可以引领总长小于250米的船舶；内河二级引航员可以引领总长小于200米的船舶，但是总长等于或者大于180米的客船除外。海港三级引航员可以引领总长小于180米的船舶；内河三级引航员可以引领总长小于150米的船舶，但是客船和载运散装一级危险货物的船舶除外。

2018 年我国引航机构引航员的构成情况　　表 3-2

单　　位	职工总人数	引航员合计	高级	一级	二级	三级	助理	见习
黑龙江引航站	12	6					6	
丹东港引航站	26	15	5	5	1	3	1	
大连港引航站	81	64	24	24	11	5		
营口港引航站	64	39	23	11	4	1		
盘锦港引航站	20	10	1	1	4		4	
锦州港引航站	28	15	3	7	4	1		
葫芦岛港引航站	12	9	2	4	2	1		
秦皇岛港引航站	52	29	25	1				3
唐山港引航站	76	46	22	11	3	3	7	
天津港引航中心	148	134	65	27	25		17	
黄骅港引航站	47	28	10	8	5	5		
东营港引航站	10	7		2	2		3	
潍坊港引航站	17	10	1	3	1		5	
烟台港引航站	122	58	14	29	9	1	1	4
威海港引航站	43	15	7	5	3			
青岛港引航站	146	97	21	27	28	10	9	2
日照港引航站	63	49	23	8	7	10	1	
连云港引航站	59	42	11	6	5	11	3	6
盐城港大丰引航站	16	12	1	2	6	3		
盐城港引航站(不含大丰)	3	3	1	1		1		
南通港沿海港区引航站	8	7	3	1	1		2	
上海港引航站	753	354	128	84	57	35	12	38
长江引航中心	712	564	133	84	155	145	27	20
嘉兴港引航站	13	10	2	5		3		
宁波引航站	584	168	53	59	30	24	1	1
舟山引航站	309	70	23	20	12	6		9
台州港引航站	26	16	7	7	1	1		
温州港引航站	21	9	2	7				
福州港引航站	59	37	17	7	5	4	3	1
湄洲湾港引航站	18	10	4	2	1	3		
泉州港引航站	56	20	10	4	6			
厦门港引航站	116	48	18	12	4	10		4
潮州港引航站	20	5		2	1	1		1
汕头港引航站	46	12	2	4	2			4

续上表

单　　位	职工总人数	引航员合计	高级	一级	二级	三级	助理	见习
惠州港引航站	26	15	10	1	2	2		
深圳港引航站	164	108	48	16	15	14		15
广州港引航站	170	119	45	54	13	3	4	
珠海港引航站	34	13	6	4	2			1
江门港引航站	9	3		2	1			
阳江港引航站	9	6		1	3	1	1	
茂名港引航站	32	11	1	7	3			
湛江港引航站	41	30	13	8	3	3	3	
广西壮族自治区北部湾港口管理局北海引航站	33	10	2	2	4	2		
广西壮族自治区北部湾港口管理局钦州引航站	46	20	1	7	3	7	2	
广西壮族自治区北部湾港口管理局防城港引航站	55	26	5	9	4	8		
海南省船舶引航站	44	25	9	7	5	4		
合计	4449	2404	801	598	453	331	112	109

二、引航员资质及准入要求

申请一级、二级、三级引航员适任证书，应当符合下列条件：

(1)持有船员服务簿。

(2)符合船舶驾驶员体检要求。

(3)经过相应的适任培训，并通过相应的考试和评估。

(4)具有《引航员管理办法》规定的水上服务资历和良好的安全记录。

海事管理机构应当自受理申请之日起20日内，作出行政许可决定。对于符合规定的，应当签发相应类别、等级和引领范围的引航员适任证书；不符合规定的，不予签发引航员适任证书，退回申请材料并书面说明理由。

交通运输部直属海事管理机构或者省级交通主管部门所属的海事管理机构应当根据本辖区港口、航道、通航环境等情况，确定引航员晋升等级、引领范围变更和保持引航员适任证书有效所需的最低引领船舶艘次或者里程，并报中华人民共和国海事局备案。

三、引航员培训、考试和评估

1. 培训

申请引航员适任证书的要完成引航员适任培训，海事管理机构不定期对引航员进行知识更新培训。从事引航员培训业务的机构按照《中华人民共和国船员条例》的规定，取得引航员培训许可证件，引航员培训机构按照规定的引航员培训科目、大纲以及水上交通安全管理、防治船舶污染、船舶保安等要求，在核定的范围内开展引航员培训，确保引航员培训质量。

2. 考试和评估

引航员适任考试、评估和发证规则由中华人民共和国海事局制定并颁布。海事管理机构在考试和评估中的职责包括：一是提前3个月公布引航员考试、评估计划；二是收到书面考试申请和相关资料后，对于符合规定条件的，于考试开始之日5日以前向申请人签发准考证；三是公布考试、评估成绩。

1）参加三级引航员适任考试和评估的条件

持有海船甲类一等大副适任证书并且在相应等级船舶上实际任职不少于12个月的，同时具有不少于12个月的助理引航资历，可以参加海港三级引航员适任考试和评估。

持有海船甲类一等大副适任证书或者内河船舶一等大副适任证书并且在相应等级船舶上实际任职不少于12个月的，同时具有不少于12个月的助理引航资历，可以参加内河三级引航员适任考试和评估。

引航机构直接招收的船舶驾驶专业大专及以上应届毕业生，取得海船甲类一等或者内河船舶一等二副适任证书，同时具有不少于18个月的助理引航资历，可以参加相应类别的三级引航员适任考试和评估。

2）参加二级引航员适任考试和评估的条件

持有三级引航员适任证书，并且具有不少于36个月相应引航资历，达到规定的最低引领船舶艘次或者里程的，可以参加相应类别的二级引航员适任考试和评估。

持有海船甲类一等船长适任证书并且在相应等级船舶上实际任职不少于12个月的，同时具有不少于12个月的助理引航资历，可以参加海港二级引航员适任考试和评估。

持有海船甲类一等船长适任证书或者内河船舶一等船长适任证书并且在相应等级船舶上实际任职不少于12个月的，同时具有不少于12个月的助理引航资历，可以参加内河二级引航员适任考试和评估。

3）参加一级引航员适任考试和评估的条件

持有二级引航员适任证书，并且具有不少于36个月相应引航资历，达到规定的最低引领船舶艘次或者里程的，可以参加相应类别的一级引航员适任考试和评估。

持有海船甲类一等船长适任证书并且在相应等级船舶上实际任职不少于60个月的，同时具有不少于12个月的助理引航资历，可以参加海港一级引航员适任考试和评估。

持有海船甲类一等船长适任证书或者内河船舶一等船长适任证书并且在相应等级船舶上实际任职不少于60个月的，同时具有不少于12个月的助理引航资历，可以参加内河一级引航员适任考试和评估。

4）申请同类别适任证书变更引领范围考试和评估的条件

具有不少于6个月的申请引领范围的见习引航资历，同时达到规定的最低见习引领船舶艘次或者里程。

海港引航员可以申请相同等级的内河引航员适任证书。

海港引航员参加内河引航员适任考试和评估的，应当具有不少于6个月的申请引领范围见习引航资历，同时达到规定的最低见习引领船舶艘次或者里程。

内河引航员可以申请海港三级引航员适任证书。

内河引航员参加海港三级引航员适任证书考试和评估的，应当具有不少于3个月的申请引领范围见习引航资历，同时达到规定的最低见习引领船舶艘次或者里程。

5）参加适任考试和评估补考的规定

参加适任考试和评估的，经考试、评估后，有部分科目或者项目不及格的，可以在自初次考试、评估的准考证签发之日起3年内申请补考。逾期不能通过全部考试、评估的，所有已考科目和评估项目的成绩失效。

第四节　引航申请与实施

一、申请

申请引航的船舶或者其代理人向相应的引航机构提出引航申请，船舶不得直接聘请引航员或者非引航员登船引航。船舶的引航申请和变更，按市级地方人民政府港口主管部门规定的时间向引航机构提出。申请引航的船舶或者其代理人应当向引航机构提供被引船舶的下列资料：

（1）船公司、船名（包括中、英文名）、国籍、船舶呼号。

（2）船舶的种类、总长度、宽度、吃水、水面以上最大高度、载重吨、总吨、净吨、主机及侧推器的种类、功率和航速。

（3）装载货物种类、数量。

（4）预计抵、离港或者移泊的时间和地点。

（5）在内河干线航行的船队，还应当提供拖带的方式和队形。

（6）其他需说明的事项。

引航机构在接到船舶引航申请后，及时安排持有有效证书的引航员，并通知申请人。引航机构要满足船舶提出的正当引航要求，及时为船舶提供引航服务，不得无故拒绝或者拖延。引航长、宽以及吃水或者水面以上高度接近相应航道通航条件限值的船舶，引航机构要制定引航方案，报市级地方人民政府港口主管部门和海事管理机构备案。引航方案由一级引航员主持或者参与制订，包括船舶基本情况、注意事项、风险评估、安全保障和应急处置措施。引航机构根据船舶状况、通航条件和拖轮配备要求，制定合理的拖轮使用方法。被引航船舶要根据引航机构提供的拖轮使用方法的要求安排拖轮或者委托引航机构安排拖轮，并承担相应的费用。拖轮配备要求由长江航务管理部门、省级交通运输主管部门按照职责制定并公开。申请引航的船舶，应当使用专用的甚高频频道与引航机构和引航员联系，确认登轮时间、地点等事项，并保持值守。

2018年我国引航机构引航艘次情况详见表3-3。

2018 年我国引航机构引航艘次情况　　表 3-3

单　　位	总艘次	外贸船	内贸船	集装箱船	危险品船	超大型船	国际邮轮	特种船	军舰	引领净吨（万吨）
上海港引航站	68286	68000	286	29775	13169	17711	781	179	15	135428
长江引航中心	62756	45854	16902	3461	27590	3669		12653		61686
宁波引航站	28787	25412	3375	18635	3739	14307		276		87788.9
深圳港引航站	25309	24796	513	23523	922	14568	189	25	2	81752
青岛港引航站	23938	20953	2985	12627	1478	9366	18	96		30999
天津港引航中心	21077	17610	3467	9698	2707	5114	238	13	1	42303.6
广州港引航站	16527	14577	1950	6866	3781	3975	198		17	32517
大连港引航站	14350	12949	1401	5685	2973	2024	75	39	16	20755.7
厦门港引航站	11202	9944	1258	5548	317	4804	203	595		15467
日照港引航站	10249	9044	1205	376	2069	3627		4		28237
舟山引航站	10160	8332	1828	9	993	3668	1	11		31718
烟台港引航站	8902	7544	1358	1956	1232	1380	154	152	20	17119.69
连云港引航站	7609	7259	350	1890	1174	1361	50	437		13268.78
唐山港引航站	7091	5330	1761	764	338	3048		310		23369.11
福州港引航站	5687	5047	640	1229	594	1086		24		9037.26
海南省船舶引航站	5631	4582	1049	740	765	157	153	8		4781.3
威海港引航站	5276	5248	28	1313	54	31	4	634		3349.37
营口港引航站	5141	3441	1700	1535	866	1107				11200
广西壮族自治区北部湾港口管理局钦州引航站	4433	3329	1104	1540	1447	276				6955.71
湛江港引航站	3314	2811	503	571	437	1174				10562
嘉兴港引航站	3242	2006	1236	186	1708					1657
广西壮族自治区北部湾港口管理局防城港引航站	3114	2900	214	2	215	804				8096
珠海港引航站	2836	2245	591	544	1431	498		50		4059
台州港引航站	2772	1814	958		685	57				1004.72
泉州港引航站	2529	1752	777	608	1068	216			4	2342.08
锦州港引航站	2490	837	1653	668	686	661				4940
秦皇岛港引航站	2333	1146	1187	323		30		2		4745.4
汕头港引航站	2232	1360	872	785	94	213				3433
盘锦港引航站	2127	288	1839	69	429	33		3		1813
黄骅港引航站	1865	920	945	154	33	681				6160.51
惠州港引航站	1646	817	829		1473	299		3		4527
丹东港引航站	1262	912	350	18		215				2517.4

续上表

单　　位	总艘次	外贸船	内贸船	集装箱船	危险品船	超大型船	国际邮轮	特种船	军舰	引领净吨（万吨）
盐城港大丰引航站	1215	888	327	66	193					1553.54
东营港引航站	1050	948	102		1034					639
葫芦岛港引航站	1019	150	869		554	5		85		1336.92
广西壮族自治区北部湾港口管理局北海引航站	1004	931	73		112	46		46		1663.83
阳江港引航站	846	482	364		8					1632.77
潍坊港引航站	847	824	23	384						308.6
茂名港引航站	748	616	132		728	132				1133.64
湄洲湾港引航站	650	522	128		118	159		104		1481.9
南通港沿海港区引航站	499	425	74		296	217				1119.55
湖州港引航站	454	328	126		88					952
盐城港引航站(不含大丰)	425	230	195					2		639.13
温州港引航站	348	291	57	86	76	20	12			562.65
江门港引航站	126	116	10							74.11
黑龙江引航站	2	2								0.25
合计	383406	325812	57594	131652	77674	96739	2076	15751	75	726688.2

二、实施

1.引航员登船

引航员登船后，向被引船舶的船长介绍引航方案，被引船舶的船长向引航员介绍本船的操纵性能以及其他与引航业务有关的情况。在一次连续的引航中，同时有两名或两名以上的引航员在船时，引航机构必须指定其中一人为本次引航的责任引航员。引航员上船引领时，被引船舶在其主桅悬挂引航旗。任何船舶不得在非引领时悬挂引航旗。引航员要谨慎引航，按规定向海事管理机构及时报告被引船舶动态。引航员发现水上交通事故、污染事故或违章行为时，及时向引航机构、海事管理机构报告。引航员在遇到下列情况之一时，有权拒绝、暂停或者终止引航，并及时向引航机构、海事管理机构报告：

(1)恶劣的气象、海况。

(2)被引船舶不适航。

(3)航道或者码头条件不满足被引船舶的航行、停泊、作业的安全要求。

(4)被引船舶的引航员登离装置不符合安全规定。

(5)引航员身体不适，不能继续引领船舶。

(6)其他不适于引航的原因。

引航员在作出上述决定之前，明确地告知被引船舶的船长，并对被引船舶当时的安全做出妥善安排，包括将船舶引领至安全和不妨碍其他船舶正常航行、停泊或者作业的地点。

2. 引航过程

在引航过程中，被引船舶发生水上安全交通事故，引航员应当采取下列措施：

(1) 采取有效措施减少事故损失。

(2) 尽快向引航机构和海事管理机构报告。

(3) 接受、配合或者协助调查水上交通事故。

在引领船舶过程中发生水上交通事故的，引航员应当在返回港口后24小时内向海事管理机构递交水上交通事故报告书。使用拖轮引航，拖轮应当服从引航员的指挥，并保持与引航员通信联系良好。引航员应当注意拖轮的安全。

船舶接受引航服务，被引船舶的船长遵守下列规定：

(1) 按照《1974年国际海上人命安全公约》的规定，为引航员提供方便、安全的登离船设备，并采取必要的措施确保引航员安全登离船舶。

(2) 为引航员提供工作便利，并配合引航员实施引航。

(3) 回答引航员有关引航的疑问，除有危及船舶安全的情况外，应当采纳引航员的引航指令。

(4) 在离开驾驶台时，指定代职驾驶员并告知引航员，并尽快返回。

(5) 船长发现引航员的引航指令可能对船舶安全构成威胁时，可以要求引航员更改引航指令，必要时还可要求引航机构更换引航员，并及时向海事管理机构报告。

引航员应当在规定的水域登离被引船舶，将被引船舶从规定的引航起始地点引抵规定的引航目的地。引航员离船时应当向船长或者接替的引航员交接清楚，在双方确认安全的情况下方可离船。因恶劣的天气或者海况等情况，引航员不能离开船舶或者不能在规定的登离水域登离船舶时，船长应当制订相应的保障措施，在征得海事管理机构的同意后，将船舶驶抵能使引航员安全登离船舶的地点，并负责支付因此造成的相关费用。引航机构、船舶、拖轮，均应当配备必要的通信设备或者器材，以便及时与引航员联系。引航结束时船长和引航员应当准确填写引航签证单。被引船舶或者其代理人应当按规定支付引航费。

3. 港口企业需要配合的工作

港口企业对被引船舶靠、离泊，应当做好下列工作：

(1) 泊位的靠泊等级必须符合被靠船舶相应等级，泊位防护设施完好。

(2) 确保泊位有足够的水深，水上水下无障碍物。

(3) 泊位长度应当符合拟靠泊船舶安全系泊要求。

(4) 被引船舶靠离泊半小时前，应当按照引航员的要求将有碍船舶靠离泊的装卸机械、货物和其他设施移至安全处所并清理就绪。

(5) 指泊员在被引船舶靠离泊半小时前应当到达现场，与引航员保持密切联系，并按规定正确显示泊位信号，备妥碰垫物。

(6) 被引船舶夜间靠离泊，码头应当具备足够的照明。

(7) 泊位靠泊条件临时发生变化，必须立即告知引航员。

新建码头使用前，码头所属单位应当及时向引航机构提供泊位吨级、系泊能力、泊位水深等与船舶安全靠、离有关的资料。对已投入使用的码头应当按引航机构的要求提供泊位水深等有关资料。

第五节　引航(移泊)费的管理

一、引航(移泊)费的管理事权

1. 国家主管部门的管理事项

沿海的引航(移泊)费一直由交通运输部和国家发展和改革委员会定价,是政府指导价的经营服务性收费,纳入中央定价目录管理。现阶段长江沿线的引航费属于政府定价的行政事业性收费,其收费计费办法另行规定,不在国家发展和改革委员会和交通运输部定价范围内。国家交通主管部门批准的引航机构负责提供服务并收费,交费主体是船方或其代理人。

2. 地方政府港的管理事项

(1)港口所在地港口行政管理部门将引航(移泊)费的具体收费标准抄报省级交通运输、价格主管部门,由引航机构对外公布执行。

(2)港口所在地港口行政管理部门确定并对外公布港口的引航距离,同时抄报省级交通运输主管部门。

(3)港口行政管理部门确定并对外公布港口所在地夜班作业时间起讫点。

二、引航费状况

1. 沿海港口引航费状况

1)近几年的改革情况

引航(移泊)费一直由国家统一定价,2015 年制定的《港口收费计费办法》(以下简称《计费办法》)取消了引航(移泊)费中的引航员滞留费和引航计划变更费,航行国际航线船舶引航(移泊)费起码计费吨由 500 净吨提高到 2000 净吨,40001 ~ 80000 净吨部分、超过 80000 净吨部分收费标准(引航距离在 10 海里以内)分别降低到每净吨 0.45 元、0.425 元,并对大型船舶引航费实行收费总额封顶控制。节假日、夜间对航行国际航线船舶引航费加收的比例由 50%降为 45%。对引航(移泊)费实行政府指导价、上限管理,引航(移泊)费调整后的收费标准为上限,引航机构可在不超过上限收费标准范围内,自主制定具体收费标准。2017 年修订的《计费办法》规定引航服务以外引领海上移动式平台在我国水域航行的技术服务费实行市场调节价,由引航服务单位与委托方协商确定价格。2019 年修订的《计费办法》将引航(移泊)费的 40000 净吨及以下部分、40001 ~ 80000 净吨部分、超过 80000 净吨部分收费标准(引航距离在 10 海里以内)分别降低到每净吨 0.45 元、0.40 元、0.375 元;引航附加费降低到最高不超过每计费吨 0.27 元。自 2022 年 4 月 1 日起,定向降低沿海港口引航收费。

2)收费方式和标准

引航(移泊)费按照 2019 年修订的《计费办法》第十六条、第十七条、第十九条、第二十条规定的收费标准执行。国际航线船舶过闸,引航(移泊)费加收过闸引领费,按规定的费率计收，详见表3-4。

航行国际航线船舶港口收费基准费率表　　表3-4

<table>
<tr><th>编号</th><th>项　目</th><th>计费单位</th><th colspan="2">费率(元)</th><th>说　明</th></tr>
<tr><td rowspan="6">1</td><td rowspan="6">引航(移泊)费</td><td rowspan="3">计费吨</td><td rowspan="3">A</td><td>0.45</td><td>40000净吨及以下部分</td></tr>
<tr><td>0.40</td><td>40001～80000净吨部分</td></tr>
<tr><td>0.375</td><td>80000～120000净吨以上部分</td></tr>
<tr><td>计费吨·海里</td><td>B</td><td>0.004</td><td>10海里以上超程部分</td></tr>
<tr><td>计费吨</td><td>C</td><td>0.14</td><td>过闸引领</td></tr>
<tr><td>计费吨</td><td>D</td><td>0.20</td><td>港内移泊</td></tr>
</table>

(1)深圳港、湄洲湾港、日照港、锦州港，降低引航(移泊)费基准费率15%，即按表3-4编号1(A)规定费率的85%计收；引航距离在10海里及以内，且引领船舶超过120000净吨的引航费按41650元计收。

(2)上海港、宁波舟山港、大连港、唐山港、青岛港、连云港、湛江港、福州港、防城港、威海港、黄骅港、烟台港、厦门港、泉州港，降低引航(移泊)费基准费率10%，即按表3-4编号1(A)规定费率的90%计收；引航距离在10海里及以内，且引领船舶超过120000净吨的引航费按44100元计收。其中，上海港在2023年12月31日前按降低引航(移泊)费基准费率的5%执行，2024年1月1日按降低10%执行。

引航(移泊)费的收费主体是国家交通主管部门批准的引航机构，缴费义务人是船方。

引航费按第一次进港和最后一次出港各一次分别计收，移泊费按提供移泊服务的次数计收。

根据《计费办法》第十七条的规定，引领航行国内航线船舶进出港，对于引航距离10海里以内的部分、超过10海里至锚地的部分，超出锚地以远的部分分别按不同费率计收引航费，详见表3-5。

航行国内航线船舶港口收费基准费率表　　表3-5

<table>
<tr><th>编号</th><th>项　目</th><th>计费单位</th><th colspan="2">费率(元)</th><th>说　明</th></tr>
<tr><td rowspan="4">1</td><td rowspan="4">引航(移泊)费</td><td>计费吨</td><td>A</td><td>0.18</td><td></td></tr>
<tr><td>计费吨·海里</td><td>B</td><td>0.0018</td><td></td></tr>
<tr><td rowspan="2">计费吨</td><td>C</td><td>0.135</td><td>引领国内航线船舶在港内移泊</td></tr>
<tr><td>D</td><td>0.105</td><td>引领国内航线船舶航行黑龙江水系在港内移泊</td></tr>
</table>

根据《计费办法》第二十一条的规定，航行国际航线船舶节假日或夜班的引航(移泊)作业应根据实际作业情况加收引航(移泊)附加费。根据第十六条第(四)项的规定，对除大连、营口、秦皇岛等20个港口之外的港口(港区)，引航费加收引航附加费，最高不超过每计费吨0.27元。

根据《计费办法》第二十二条的规定，航行国际航线船舶的港口引航、移泊起码计费吨为2000计费吨；航行国内航线船舶在黑龙江水系的港口引航、移泊起码计费吨为300计费吨；其他航行国内航线船舶的港口引航、移泊起码计费吨为500计费吨。

根据《计费办法》第二十四条的规定，对拖轮拖带的船舶、驳船、木竹排或水上浮物，被拖带附属物的计费吨与拖轮计费吨合计计收。

黑龙江水系的引航（移泊）费费率单列，根据《计费办法》第二十条规定执行。

引航服务以外引领海上移动式平台在我国水域航行的技术服务费实行市场调节价。

3）节假日、夜班附加费

我国对沿海港口引航节假日、夜班附加费的规定是：

（1）中华人民共和国法定节假日或夜间对航行国际航线船舶进行引航（移泊）时，引航（移泊）费在基本费率的基础上加收附加费，加收比例为基本费率的45%，节假日的夜班附加费加收基本费率的90%。

（2）引航（移泊）节假日、夜班的作业时间占全部作业时间一半及以上，或者节假日、夜班的作业时间大于等于半小时时，节假日或夜班附加费按45%计收，节假日的夜班附加费按90%计收。

（3）港口所在地港口行政管理部门可在21时至次日8时时段内选取连续8小时时间段作为夜班起讫时间，并对外公布。

引航夜班和节假日附加费，应在所定基本费率的基础上附加计算，即

$$夜班附加费 = 基本费率 \times 45\%$$

$$节假日附加费 = 基本费率 \times 45\%$$

$$节假日的夜班附加费 = 基本费率 \times 90\%$$

引航节假日、夜班附加费收取实例

例：某港夜班是22时至次日凌晨6时，节假日是0时至24时。

1）开始引航的时间为星期五的21时40分

（1）引航结束的时间为星期五的22时15分。

全部作业时间=22时15分－21时40分=35分，全部作业时间的一半=17.5分；夜班作业时间=22时15分－22时=15分，因夜班作业时间小于全部作业时间的一半且小于半小时，则不计收夜班附加费。

（2）引航结束的时间为星期五的22时25分。

全部作业时间=22时25分－21时40分=45分，全部作业时间的一半=22.5分；夜班作业时间=22时25分－22时=25分，因夜班作业时间大于全部作业时间的一半，则按45%计收夜班附加费。

（3）引航结束的时间是星期六的0时25分。

全部作业时间=星期六0时25分－星期五21时40分=2小时45分，全部作业时间的一半=1小时22.5分；夜班作业时间=星期六0时25分－星期五22时=2小时25分，因夜班作业时间大于全部作业时间的一半，则按45%计收夜班附加费；节假日作业时间=0时25分－0时=25分，因节假日作业时间小于全部作业时间的一半且小于半小时，则不计收节假日附加费。

(4)引航结束的时间是星期六的0时35分。

全部作业时间=星期六0时35分-星期五21时40分=2小时55分,全部作业时间的一半=1小时27.5分;夜班作业时间=星期六0时35分-星期五22时=2小时35分,节假日作业时间=0时35分-0时=35分,因夜班作业时间大于半小时且节假日作业时间也大于半小时,则按90%计收节假日的夜班附加费。

2)开始引航的时间是星期五的23时40分

(1)引航结束的时间是星期六的0时15分。

全部作业时间=星期六0时15分-星期五23时40分=35分,全部作业时间的一半=17.5分;夜班作业时间=星期六0时15分-星期五23时40分=35分,因夜班的作业时间大于全部作业时间的一半,则按45%计收夜班附加费;节假日作业时间=0时15分-0时=15分,因节假日作业时间小于全部作业时间的一半且小于半小时,则不计收节假日附加费。

(2)引航结束的时间是星期六的0时25分。

全部作业时间=星期六0时25分-星期五23时40分=45分,全部作业时间的一半=22.5分;夜班作业时间=星期六0时25分-星期五23时40分=45分,节假日作业时间=0时25分-0时=25分,因夜班作业时间大于半小时且节假日作业时间大于全部作业时间的一半,则按90%计收节假日的夜班附加费。

引航费与移泊费的区别

引航是指船舶进出港口的引领,船舶在港区内的引领均为移泊。引航锚地与装卸锚地为同一锚地的港口,船舶最初的进港及最后的出港为引航,其他引领均为移泊,但船舶进港后再由引航员引领进出港口进行校对罗经、试车等应视作引航,计收引航费。

2. 长江干线引航费状况

长江引航中心的主要职责是集中、统一、归口管理长江引航工作,对外代表国家对进出长江的外国籍船舶实行强制引航,对内为进出长江的中国籍船舶提供引航服务。引航服务范围纵跨上海、江苏、安徽、江西、湖南、湖北、重庆、四川、云南沿江七省两市,径深2838千米。下辖武汉、芜湖、南京、镇江、江阴、张家港、靖江、南通、常熟、太仓、上海等11个引航站和宝山、南通、江阴、扬中4个引航基地。拥有引航交通船8艘,囤船7艘,栈桥2座,车辆34台,生产办公用房26200平方米。

1)引航收费政策调整情况

长江干线引航收费2007年以前与沿海港口引航收费一样按经营服务性收费管理,实行政府定价,由交通运输部会同国家发展和改革委员会制定。2008年长江干线引航收费纳入行政事业性收费,按“收支两条线”管理。近12年具体收费政策大致经历了4个过程:2007—2008年,立项定标;2008—2011年,标准执行;2011—2014年,减费降标;2015年后,新标准执行,详见表3-6。

长江干线引航收费政策文件一览表　　表 3-6

文件类别	文件名称	主要内容
立项文件	国家发展改革委、财政部关于同意收取航行长江干线船舶引航费等收费项目的通知(财综〔2007〕60号)	根据交通部申请,同意长江海事局对进出长江干线以及在该水域移动泊位的船舶实施强制引航或移泊时收取引航费、移泊费、交通费,收入全额上缴中央国库,纳入中央财政预算,实行“收支两条线”管理
收费标准文件	国家发展改革委、财政部关于航行长江干线船舶引航费收费标准等有关问题的通知(发改价格〔2008〕12号)	核定引航费、移泊费、交通费收费标准。自2008年1月1日起执行,有效期3年
	国家发展改革委、财政部关于重新核定航行长江干线船舶引航费收费标准等有关问题的通知(发改价格〔2011〕1536号)	3年期满,重新核定收费标准。收费项目和收费标准均未变动。自2011年8月1日起执行,有效期3年
	国家发展改革委财政部关于降低部分行政事业性收费标准的通知(发改价格〔2013〕1494号)	为贯彻落实国务院关于减轻企业负担的要求,引航费在发改价格〔2011〕1536号文件规定的收费标准基础上下调20%
	财政部国家发展改革委关于取消、停征和免征一批行政事业性收费的通知(财税〔2014〕101号)	为进一步减轻企业特别是小微企业负担,免收500总吨以下海船引航费

2)收费标准

现行长江干线引航收费标准以发改价格〔2011〕1536号和发改价格〔2013〕1494号作为政策依据。引航收费由三部分组成,分别为引航费、移泊费、交通费,详见表3-7。

长江干线引航收费标准表　　表 3-7

项目				计费单位	收费标准(元)	备注
	起讫航段及里程(千米)					
引航费	宝山	太仓	35	净吨	0.416	
	宝山	南通/常熟	96		0.576	
	宝山	张家港/如皋	138		0.688	
	宝山	江阴/靖江	161		0.752	
	宝山	常州/泰州	215		0.896	
	宝山	镇江	273		1.048	
	宝山	扬州/江都/高资	298		1.112	
	宝山	南京	360		1.288	
	宝山	马鞍山	408		1.408	
	宝山	芜湖	454		1.528	
	宝山	铜陵	562		1.816	

续上表

项　　目				计费单位	收费标准（元）	备　　注
引航费	起讫航段及里程（千米）					
	宝山	池州	600	净吨	1.912	
	宝山	安庆	658		2.072	
	宝山	九江	824		2.512	
	宝山	黄石	956		2.856	
	宝山	汉口	1093		3.224	
移泊费				净吨	0.232	港内移泊
交通费	引航			次	400	
	移泊				100	

（1）引航费。

具体收费标准包括两部分，即基本基价＋里程基价×里程。其中：基本基价为每净吨0.324元，里程基价为每净吨公里0.002652元。长江干线强制引航的共有16个规定航段，起始港为宝山港，最远港为汉口港，总里程1093千米。按上述规定，从宝山港到泰州港的收费标准在每净吨0.416～0.896元范围内；到池州港的收费标准在每净吨1.048～1.912元范围内；到汉口港的收费标准在每净吨2.072～3.224元范围内。

（2）移泊费。

港内船舶移动泊位按每净吨0.232元计收。

（3）交通费。

引航员由出发点至被引领船舶之间的交通费按引航每次400元、移泊每次100元计收。

另外，逢节假日或夜班（22:00—6:00）引航、移泊的，按上述收费标准加收50%；节假日夜班加收100%。

长江引航中心除了提供强制引航服务外，还为中国籍船舶提供非强制引航服务，收费标准以强制引航的收费标准为上限，实行市场协议价。收费标准报省级价格主管部门备案并对外公示，通常情况下对中国籍船舶的收费标准在现行强制引航标准基础上下浮动20%～30%。

三、作业流程

引航机构受理引航申请，对引航申请进行审核，制订并发布引航计划，引航员实施引航计划。引领船舶进出港航行，船长签署引航签证单，引航机构根据引航签证单进行计费审核，通知船方或其代理人交费，引航机构出具收费票据。

工作流程如下：

业务主要流程节点：交费主体向引航机构提出申请，引航机构进行审核并受理后，开展工作，船长签署引航签证单。

计收费主要流程节点：引航机构根据业务数据计费，交费主体交费后，经营人出具收费票据和收费明细清单，详见图3-1。

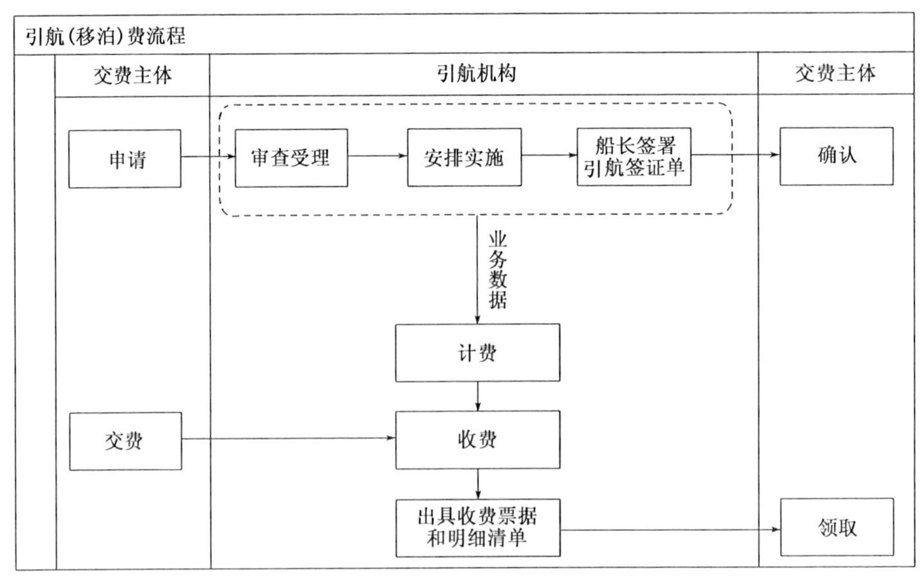

图 3-1　引航(移泊)费流程

第六节　现状评估

一、取得的成效

1. 引航机构按要求设立,体制改革基本完成

我国引航机构按"一港(一水)一引"原则设置,由所在地港口主管部门提出申请,报交通运输部审批,隶属于港口主管部门管理。

按照国家和行业的改革要求,在交通运输部的指导下,新一轮引航体制改革至今,全国共有 45 家引航机构基本完成了引航体制改革。除大连港引航站引航收入没有与港口企业完全脱钩外,其他引航站都已从港口企业整体划分出来,成为由各地港口管理部门领导的具有独立法人资格的事业单位,为中外船舶提供公平的引航服务。其中宁波引航站是站、公司"两块牌子一套班子",既是事业单位也是企业;莆田港引航站、阳江港引航站和黑龙江引航站不具有独立法人资格;青岛港引航站负责人是集团副总兼任;东营港引航站、嘉兴港引航管理站、宁德港引航站、莆田港引航站、泉州港引航站、阳江港引航站、黑龙江引航站的法人代表都不是由站长担任,但单位性质已属事业单位;上海港引航站虽负责人由集团提名,但任免由港口管理部门负责,引航(移泊)费也不再上交港务集团;天津、广州、厦门、烟台等地的绝大多数引航机构从企业中剥离,成立具有独立法人资格的事业单位,加强内部管理,使引航机构有了更大的发展空间,获得了较大自主权,从根本上保证了引航机构的快速发展。总体上看,我国引航机构改革措施落实到位、执行良好,尽管目前还存在一些需要解决和完善的问题,但将在进一步深化引航体制改革中逐步解决。

2. 引航安全生产形势基本平稳,服务能力不断提升

全国引航机构将打造平安引航品牌作为文化品牌建设的关键,视安全为引航生命线,全体引航职工安全意识,特别是公共安全意识、法制意识、人本意识增强,自觉将引航安全列为优质引航服务的首要条件,坚决纠正习惯性违章行为。各引航站普遍按照海事部门的要求建立了引航事故报告和安全形势分析制度;建立和完善了港口引航安全体系;制定各种条件下引航应急预案;采用新技术、新装备改善引航安全生产条件;及时调整存在安全风险的登轮点,保障引航员的身心健康和人身安全。目前,全国有45个引航站建立了安全管理体系。

3. 引航基础设施不断完善,现代化建设步伐加快

在引航体制改革后,全国引航机构设施设备建设有了长足的发展,大多数机构独立出来时几乎是零资产,经过多年的发展,都已逐渐壮大起来。全国引航系统信息化、智能化建设进入快车道,普遍建立了网上引航工作平台,不少引航机构信息化建设达到世界先进水平。例如,上海港引航站将"引航生产安全监控系统"升级为引航管理工作系统;长江引航中心实现了引航管理信息化,数据、语音、视频三网合一;厦门、青岛港引航站完成了新型船舶引航系统研发,已申报国家级航海类科技成果奖及四项国家专利证书;唐山港引航站大型船舶靠泊仪研发工作取得较大进展;宁波引航站将众多信息系统整合为智慧引航管理平台,实现了引航数字化管理。

4. 引航制度体系逐步形成,软实力日趋增强

近几年来,各引航机构把引航软实力建设作为引航发展的长效机制,不断加强制度建设。一是全面完成引航安全管理体系建设。各引航机构普遍按照海事部门的要求建立了引航事故报告和安全形势分析制度,建立和完善了港口引航安全体系,制定了各种条件下引航应急预案。二是建立了引航员服务工作规则和考核机制。大多数引航机构开展内部自查自纠,在引航员接送、拖轮使用方面,在保证安全的前提下,为降低成本、提高透明度建立了相关制度;从思想建设、工作纪律、安全生产、服务质量和工作业绩等方面制定量化的考核措施,从制度上约束引航员的从业行为。三是逐步形成引航社会监督机制。目前各引航机构按照交通运输部相关要求,公开引航员调派制度,严格按照制度要求制订船舶引航计划,并通过网络平台等途径及时向代理公司和船公司公开,接受服务对象的监督。大多数引航机构按照《关于加强港口引航管理工作的若干意见》(交水发〔2006〕293号)的要求,成立了引航监督委员会。

5. 引航员队伍壮大,综合素质明显提升

2018年全国45家引航机构引航员人数为2404人,占总人数的54%,比2018年增长8.15%,年均增长1.6%,有85%的引航员具有事业编制。2018年高级、一级、二级、三级、助理、见习引航员的数量分别为801人、598人、453人、331人、112人、109人。目前引航员队伍已基本满足生产需要,结构日趋合理。近几年,全国引航职工每年发表学术论文过百篇,内容涉及引航学科前沿课题和区域难题,获得省部级和行业多个奖项;大批引航员被有关部门聘为技术专家;多名引航员应邀参加国际航海和引航学术会议,获得优异成绩;中国引航员连续三届在国际引航大会上演讲,受到好评。全国引航队伍素质明显提高。

总之,自2005年引航体制改革以来,我国引航事业稳步发展,引航基础设施不断完善,引航服务能力稳步提高,引航员队伍日益壮大,安全生产形势平稳,满足了水运发展需要。

二、存在的问题

尽管上一轮引航体制改革取得了较好成效,但还存在一些问题:

一是部分引航机构的引航员编制不能满足港口发展要求,引航员薪酬体系不尽合理且缺乏制度保障。

二是引航机构发展不平衡,16%的引航机构“收不抵支”,影响了引航基础设施和队伍建设。

三是个别引航机构的部分资产跟当地港口集团没有完全剥离,个别引航机构主要负责人由港口企业任命。

基于国家深化改革的形势要求以及引航业存在的一些问题,需要引航业深化改革,完善体制机制,加强管理,提升服务。

第四章　引航面临的形势及要求

第一节　事业单位改革的趋势

在进行社会主义市场经济体制改革和推进政府职能转变的过程中，我国原来计划经济体制下由政府大包大揽各类社会公共服务的格局已经逐步被打破，社会服务事业的“社会化、市场化和民营化”步伐日益加快，公共产品和公共服务的供给从指令性计划分配转入市场配置，各项生产要素也逐步进入市场。

在推进事业单位改革的过程中，社会各界也在普遍关注事业单位的定位和改革模式问题，不再局限于对具体管理制度的修修补补。在理论界及改革实践中，探索了事业单位改革的多种模式，其中“分类改革”模式被普遍承认和逐步推广，并成为今后事业单位改革的方向和重点。

2011 年 3 月，中共中央国务院出台了《中共中央　国务院关于分类推进事业单位改革的指导意见》（中发〔2011〕5 号），指出要科学划分事业单位类别，在清理规范的基础上，按照社会功能将现有事业单位划分为承担行政职能、从事生产经营活动和从事公益服务三个类别。对承担行政职能的，逐步将其行政职能划归行政机构或转为行政机构；对从事生产经营活动的，逐步将其转为企业；对从事公益服务的，继续将其保留在事业单位序列，强化其公益属性。今后不再批准设立承担行政职能的事业单位和从事生产经营活动的事业单位，并细分了从事公益服务的事业单位，根据职责任务、服务对象和资源配置方式等情况，将从事公益服务的事业单位细分为两类：承担义务教育、基础性科研、公共文化、公共卫生及基层的基本医疗服务等基本公益服务，不能或不宜由市场配置资源的，划入公益一类；承担高等教育、非营利医疗等公益服务，可部分由市场配置资源的，划入公益二类。

在下一步的改革中，将按照这一分类框架进行细分，在科学分类的基础上，确定每一类事业单位的改革方案，以及每一类单位的财政支出方式。例如，从事公益服务的事业单位又可分为纯公益类事业单位和准公益类事业单位，纯公益类事业单位所需经费由同级财政予以保障，准公益类事业单位在提供公共产品时可依法收取一定的费用；如要转企改制，则周密制定从事生产经营活动事业单位转企改制工作方案，按照有关规定进行资产清查、财务审计、资产评估，核实债权债务，界定和核实资产，由同级财政部门依法核定国家资本金。转制单位要按规定注销事业单位法人，核销事业编制，进行国有资产产权登记和工商登记，并依法与在职职工签订劳动合同，建立或接续社会保险关系。事业单位转企改制后，要按现代企业制度要求，深化内部改革，转变管理机制，并依照政企分开、政资分开的原则，逐步与原行政主管部门脱钩，其国有资产除国家另有规定外，由履行国有资产出资人职责的机构负责。

为平稳推进转制工作，可给予过渡期，一般为 5 年。在过渡期内，对转制单位给予适当保留原有税收等优惠政策，原有正常事业费继续拨付。在清理规范基础上完成事业单位分类，承担行政职能事业单位和从事生产经营活动事业单位的改革基本完成，从事公益服务事业单位在人事管理、收入分配、社会保险、财税政策和机构编制等方面的改革取得明显进展，管办分离、完善治理结构等改革取得较大突破，社会力量兴办公益事业的制度环境进一步优化，为实现改革的总体目标奠定坚实基础。

2011 年 7 月，国务院办公厅发布了《国务院办公厅关于印发分类推进事业单位改革配套文件的通知》（国办发〔2011〕37 号）。

其中，《关于创新事业单位机构编制管理的意见》中指出：

（1）对公益一类事业单位继续实行机构编制审批制，完善管理制度，简化审批程序，切实管住管好。对公益二类事业单位，在制定和完善相关编制标准的前提下，逐步实行机构编制备案制，建立并规范备案程序。

（2）面向社会提供公益服务的事业单位，要逐步取消行政级别，新设立的一律不予明确行政级别，其领导班子和相关人员的管理及待遇，按照有关规定执行。

（3）面向社会提供公益服务的事业单位原则上由地方管理，中央保留少量承担全局性、战略性、示范性公益服务的事业单位。

其中，《关于分类推进事业单位改革中财政有关政策的意见》中指出：

对改革后仍保留在事业单位序列的事业单位，各级财政部门要切实履行财政管理职能，在继续深化部门预算管理制度改革、国库集中收付制度改革、政府采购制度改革和“收支两条线”改革的基础上，进一步健全事业单位财务管理制度，强化预算约束，规范收支管理，加强财务监督。

其中，《关于深化事业单位工作人员收入分配制度改革的意见》中指出：

（1）进一步明确地方和部门的工资管理职责，对不同类型的事业单位实行不同的工资管理办法，实行分类分级管理，促进形成不同地区、不同类型事业单位之间合理的工资分配关系。

（2）全面清理核查国家统一规定的津贴补贴项目外自行发放的津贴补贴和奖金，摸清收入来源、支出去向、账户情况和实际发放水平，坚决取消不合法、不规范的项目。对清理核查后的津贴补贴进行适当归并，作为规范后的津贴补贴纳入绩效工资。

（3）事业单位实施绩效工资所需经费，按单位类型不同，分别由财政和事业单位负担。其中：由财政负担的经费，按现行财政体制和单位隶属关系，分别由中央财政和地方财政负担；由事业单位负担的经费，其经费来源渠道和支出办法应符合国家有关规定。

2014 年 7 月 1 日，《事业单位人事管理条例》已经实行。我国现行的引航机构是事业单位，必须按照国家对分类推进事业单位改革的总体部署和要求进一步深化改革。

第二节　我国港口和航运事业发展形势

近年来，我国水运业迅速发展，港口内部和外部环境发生了深刻的变化，国民经济和对外贸易上了一个新的台阶，为我国港口发展创造了良好的条件，港口多元化经营格局已经形成。港口吞吐量快速增长，航道通航密度增大，通航环境发生变化，船舶大型化趋势加快。在这种情况下，只有进一步探索适合形势发展需求的引航发展模式，才能为港口提供持续、健康的综合服务环境，公平、公正的经营市场环境。

一、港口经济发展的需要

伴随着我国经济的持续发展，港口经济规模不断扩大，进出口贸易日益频繁。在激烈的竞争环境下，物流的便捷和快速周转要求港口全天候运作。作为港口运作的关键一环，引航服务的全天候成了必然要求。“十四五”时期，我国将坚定不移贯彻新发展理念，以推动高质量发展为主题，以深化供给侧结构性改革为主线，以改革创新为根本动力，统筹发展和安全，加快建设现代化经济体系，加快构建以国内大循环为主体、国内国际双循环相互促进的新发展格局。继续深入实施京津冀协同发展、长江经济带发展、粤港澳大湾区建设、长三角一体化发展、黄河流域生态保护和高质量发展等。优质引航服务不仅是港口竞争力的体现，也是国家竞争能力的重要保障。

发展水运业是发展海洋经济的重要内容。国家正采取更多措施大力拓展海洋运输，安全、便捷、高效、绿色、经济的现代水运体系建设取得重要进展，水运基础设施补短板取得明显成效。新增国家高等级航道 2500 千米左右，基本连接内河主要港口，世界一流港口建设提质增效，保障能力适度超前，这些都对引航提出了更高的要求。

党的十九大报告提出建设海洋强国、交通强国的战略目标。在考察上海洋山港时，习近平总书记再次强调“经济强国必定是海洋强国、航运强国”。[1] 建设经济强国，交通强国特别是航运强国要先行。海运是强国背后难以复制的动力因素，是强国不可或缺的经济要素。这是以习近平同志为核心的党中央对交通运输工作的充分肯定，也是对交通运输工作的高度重视和殷切期盼。我国正在加快建设交通强国，努力做中国现代化的开路先锋，引航事业是适应交通强国建设的必然要求，也是我国港航领域实现安全高效发展的重要组成部分。因此，要高度重视引航事业发展，理清引航发展的体制机制，不断提高引航业务的技术水平及服务质量，深入践行“阳光引航”，推动港航事业高质量发展。

二、港口公共安全和环保的需要

作为世界贸易的重要口岸，加强港口的公共安全以及环境保护已经成为世界港口行业共同关注和努力的大事。海上交通安全直接关系国际物流供应链的畅通，是影响海运业高质量发展的重要因素，也是加快建设交通强国的重要环节。目前，我国 90% 以上的外贸货运量通过海运完成，拥有位居世界第三的海上运输船队，是世界海运发展的主要推动力。2020 年，我国完成海洋货运量 38 亿吨、货物周转量近 9 万亿吨公里，港口货物吞吐量是 1978 年改革开放初期的近 52 倍。伴随着对外贸易的迅速发展，航行于我国沿海水域的船舶数量越来越多，船舶交通流量急剧上升，各类船舶年均进出境内各类港口 2500 万艘次。

船舶进出港口是船舶航行中最为复杂的航程，引航工作就是化风险为安全，确保水上安全运输的关键技术保障，对港口生产乃至国民经济的正常运作作用巨大。一艘大船加上装载的货物，价值动辄数以亿计，船长把全船财产和人员生命安全交给引航员，引航员要在很短的时

[1] 习近平：坚定改革开放再出发信心和决心　加快提升城市能级和核心竞争力［N］. 人民日报，2018-11-08（01）.

间内运转轮船,整合指挥船上不同国籍的船员共同作业,进而利用所有资源,协调港口相关服务,化解航行中遇到的各种危险,安全地操纵船舶靠、离码头,不允许任何环节有任何的失误和疏忽。

绿色环保型港口是今后港口的发展趋势,也将逐步成为提升港口竞争力的主要亮点。当今,船舶污染港口水域成为日益突出的问题,特别随着石油、液化气、天然气等液体化学品进出口的大量增加,港口水域被污染的风险概率随之增大。由于环境保护法规日趋完善,船方为避免船舶意外引起环境污染而遭受巨额的经济处罚或严厉的法律制裁,对引航的要求也随之提高。

三、船舶建造技术与航海技术发展的需要

目前,油轮船队是载重吨规模最大的船队,确立了超大型油轮(VLCC)为油船大型化的代表,铁矿石、煤炭运输需求增长使干散货船队大型化比重不断提高,船舶集装箱运输的飞速发展使大型化、专业化成为集装箱船队的发展标志。现代科学技术的迅猛发展,新的材料、机械、电气、电子、控制、信息技术广泛应用于航海,使航海从技艺发展为科学技术,从地文航海和天文航海时代进入电子航海时代。船舶导航、避碰、定位、电子海图等设施和技术日新月异,传统的引航经验必须与现代电子技术相结合,才能提高引航的效率和安全性。航运业的快速发展、船舶建造和航海技术的不断革新,必然对引航员的知识体系、船舶操纵技术、心理控制能力、对新技术设备的应用能力以及技术服务能力等方面提出更高的要求。

第三节　社会主义市场经济体制下发展社会公共服务体系的要求

从更长远的发展看,我国经济仍处于持续稳定发展阶段,港口需求仍然比较旺盛。当前和今后一个时期,我国处在经济社会发展的重要战略机遇期和社会矛盾凸现期,积极变化和不利影响同时显现,短期问题和长期问题相互交织,国内因素和国际因素相互影响,保持经济平稳较快发展的任务十分繁重,经济发展方式的转型已成为当前经济发展的重中之重。加快推进服务业发展已成为党和政府的重大战略和基本政策。2007 年 3 月,国务院颁布《国务院关于加快发展服务业的若干意见》(国发〔2007〕7 号)。2008 年 3 月,国务院办公厅提出《国务院办公厅关于加快发展服务业若干政策措施的实施意见》(国办发〔2008〕11 号)。

如今,我们要完整、准确、全面贯彻新发展理念,服务加快构建新发展格局,全面深化改革开放,坚持创新驱动发展,推动高质量发展,坚持以供给侧结构性改革为主线,统筹发展和安全,着力抓落实、抓统筹、抓协调、抓保障,更加注重服务大局、服务人民、服务基层,有效保安全、保畅通、稳市场、稳投资、促转型、防风险,为稳定宏观经济大盘、保持经济运行在合理区间、保持社会大局稳定做好服务和保障,促进综合交通一体化融合,加快建设交通强国,努力当好中国现代化的开路先锋。现代物流业作为生产性服务业,是我国经济发展的重要产业和新的经济增长领域;港口作为多种运输方式的交汇点,是现代物流的重要组成部分。港口物流发展对引航服务和引航安全提出了更高的要求,发展港口物流需要顺畅的船流,顺畅的船流需要高质量的引航服务,引航服务质量不仅关系港口和船舶的效率与安全,而且会直接影响到整个物

流链正常运转乃至社会稳定和民生。引航发展模式选择的本质是要强化公共服务而非削弱公共服务，不管采取哪一种发展模式都只是改变公共服务的供给方式，无论由事业单位提供，还是由市场提供，或由其他组织提供，其根本目的都在于改善公共服务的供给方式，以最优的质量、最高的效率提供公共服务，提高公众的满意度。因此，引航发展模式的选择是建立适应社会主义市场经济体制要求的社会公共服务体系的大势所趋。

总之，引航发展模式的选择是引航机构作为事业单位自身角色的重新定位，是进一步推进事业单位改革，建立适应社会主义市场经济体制要求的社会公共服务体系的大势所趋；同时，引航是港口的一项重要的公共服务，是港口管理体制改革的重要组成部分，为了使港口引航在新的经济环境下更好地促进港口事业的发展，确立科学合理的港口引航发展模式，保证我国引航队伍持续、健康发展成为一个迫切需要解决的课题。

第五章　典型国家引航运作模式

由于历史和国情不同,各国在引航管理的组织形式、机构设置、管理权限等方面不尽相同,典型国家的引航运作模式对比见表5-1,具体材料见附录。通过分析国外的引航实践看出,由于考虑到引航具有公益性、公共安全性和公共服务性的特点,引航机构不以营利为目的,不能完全由市场配置资源,具有准公共物品的属性,大多数国家一个港口设置一家引航机构,完全市场化的模式较少。引航机构的法人性质有政府、企业和民间组织,引航员的身份有公务员、企业员工和自由职业者三种,但运行机制比较类似,即采用类似政府特许经营的模式,给予港口所在地一家引航机构以特许经营权,以企业化的机制运作。

第一节　政府严格控制引航

一、政府监管引航

从各国的引航管理体制来看,共性是引航服务、收费标准、收支管理均受政府的监管,绝大多数引航机构不存在竞争,一些曾经相互竞争的几家引航机构现已合并为一家,仅在罗马尼亚、丹麦和美国阿拉斯加的东南部存在竞争,英国的深海引航具有广泛的国际竞争。

各个国家引航的政府主管部门,如美国的海岸警卫队和各州政府,加拿大的大西洋引航局、劳伦引航局、五大湖引航局和太平洋引航局,英国的港务局(CHA),日本的地方运输局和国土交通省,埃及的苏伊士运河管理局,都属于政府机构,履行政府职能。德国引航员兄弟会、法国引航委员会、新加坡引航委员会、韩国海事引航协会(KMPA)均不是政府部门,但在法律的规定下受政府监管并具有相当的官方背景。

二、具有完善的监督机制

国外的引航机构普遍被定为公共服务部门,拥有比较完善的政府监管、社会监督机制。例如,美国各州成立的引航委员会的最高领导为主席,由成员选举产生,并通过州长任命。引航委员会主席根据需要可以设置咨询委员会、引航员评估委员会和事故调查委员会,为其决策提供咨询和建议。州和地方引航委员会对外贸船舶(运载国际货物的船舶)的引航拥有管辖权。各州引航委员会具有制定和调整引航费率,监督引航员的雇用、培训和表现,确定引航员数量、规模和处罚违纪引航员的管理职能,引航费率受政府管制。

表 5-1

典型国家的引航运作模式比较

国家	引航机构名称	引航机构性质	管理模式	引航机构职能	引航员管理形式	引航费管理
美国	引航协会	同一水域只设一家引航机构，引航机构内部采取轮班制度	美国对船舶引航采取联邦政府和地方政府二级管理。美国国会赋予海岸警卫队对联邦引航员的管理职能，赋予各州政府对引航员和引航机构的管理职能。海岸警卫队和各州政府分别负责对联邦引航员和州引航员的发证工作	引航委员会具有制定和调整引航费率、确定引航员数量规模和处罚违纪引航员的管理职能	美国海岸警卫队规定了联邦引航员的任职条件及考试、培训和发证程序。由州政府签发的引航员证书，其任职条件不得低于联邦引航员的标准，通常要高出好多，一般从经验丰富的船长中选拔	引航费率由各州政府自行制定。各州制定引航费率的机构可能是引航员委员会、独立的引航费制定机构、公共服务委员会（为公共设施或其他受管制的垄断行业制定费率的部门）或者州立法机构。费率水平应该能补偿提供现代全套引航服务所支出的费用，还应包括成对引航员所经历的长期教育培训费用的补偿以及退休后的养老金
加拿大	引航局	政府机构，不受地区政府的管辖，直接对运输部长和议会负责，其官员和职工为国家公务员	引航局的最高领导层由一个主席和不超过6个成员组成。成员的任期不超过3年。副主席在6个成员中产生，由议会任命。引航局的主席及其成员的工资和津贴由议会确定并支付	（1）制定引航管理规则； （2）签发、扣押和吊销引航员执照； （3）与引航公司（法人团体）协商服务合同条款； （4）制定引航费率	在引航局辖区或部分辖区内的引航员组成引航公司，这是一种合伙性质的法人团体，引航员之间没有雇佣关系，按自愿原则自行管理。加拿大的引航属于国家事权，引航公司不能直接为船舶提供引航服务，需要与该地区的引航局签订服务合同，引航公司为引航局提供引航员的引航服务，并得到一定报酬	引航费率由各引航局制定，但必须征得议会的同意；且引航局制定的费率应固定在公平合理的水平上，同时使引航局在自收自支的财务体系基础上维持运转
德国	德国引航员兄弟会	公共事业机构，引航员在1981年以前是公务员，之后被定为自由职业者	其中，汉堡港引航员兄弟会和不来梅港引航员兄弟会分别属于汉堡市和不来梅市管辖，其他港引航员兄弟会属于德国联邦政府管辖	每个兄弟会推选一名资深引航员与联邦政府官员和一名主席组成联邦引航协会。引航协会传达有关法律、规章、条令，上报引航员兄弟会，对通航环境和码头水道改造规划的建议及自身工作条件的要求	引航员均为无限航区海船船长资格。汉堡港引航员至少应具有2年的船长资历，并经过至少6个月的培训和实习，达到全面了解港口规章，熟练掌握船舶在港区的操纵技术；有至少250次的随引航员引航实习和25次随拖轮助拖操作；通过由港长签发聘书成为正式的引航员兄弟会会员	联邦政府和直辖市政府制定各自管辖的港口引航区域和引航费率。引航收入分为两部分：第一部分叫引航费用（Pilot Fees），由政府管理机构向每船收取，用作引航艇使用保养、机构运行等的费用开销；第二部分叫领港费（Pilot Dues），是指引航员对船舶引航服务的报酬，归引航员所有。比例可以适当进行平衡，以维护引航员的利益

续上表

国家	引航机构名称	引航机构性质	管理模式	引航机构职能	引航员管理形式	引航费管理
法国	引航站	公共服务行业	运输部对引航站的管理权限下放到地方官员，由各地的海事局长监管辖区内的引航事务。中央运输部负责制定适用于所有引航站的引航通则，地方主管官员遵照引航通则制定适合本地引航站的规则	地方设有引航委员会，由地方海事局长、港务局局长和海事局部门主管制定的引航员组成，为地方主管机关制定引航管理规则提供咨询意见。地方主管机关任命一名引航员作为引航站的站长，监督引航服务。引航站站长没有强制约束力，但他代表地方海事局长就引航服务的问题，在引航大会上听取引航员的建议后，做出决策	引航站是引航员集体组织在一起的自由职业联盟，与引航员没有雇佣关系。引航员之间完全平等，共同拥有引航站的固定资产，享有财政自治性	在每年年末，地方政府要重新制定来年的引航费率，并于1月1日实施。每年10月，引航站向地方海事主管机关递交第二年的财政预算和投资计划，并提出建议的新费率。 在引航站自行管理引航设施的体制下，引航站的营运成本由引航员自己控制
比利时	—	从事外海及河流的引航服务的引航员为国家公务员，由政府直接管辖；从事港内引航的引航员由港务局管辖	比利时中央政府负责对全国的引航机构进行集中管理，比利时国会制定引航管理方面的法规。中央政府负责划分引航区域，规定需要强制引航的船舶及其免除条件	比利时的引航分为外海及河流的引航与港口的引航两种。从事外海及河流引航服务的引航员为国家公务员，由政府直接管辖。从事港内引航的引航员负责港内船舶的进出港（闸）及港池内船舶的移泊服务	无论外海、内河海事港口引航，其资格考试的组织、证书的签发、吊销和有效期的制定都由中央政府负责	外海和内河引航费率的制定、调整、征收及管理也是由中央政府负责的，但是港口引航费率由港务局根据不同区域来制定、调整和收取
英国	相关港口管理部门（Competent Harbour Authorities，CHAs）	—	英国的引航工作分为两种：一种是河流引航，一种是深海引航。河流引航是英国政府控制比较严格的领域，而深海引航具有广泛的国际竞争	河流引航不仅负责港口引航管理工作，还负责其他涉及港口安全方面的事务。深海引航在深海和北海海域内为船舶提供引航服务	引航员资格考试的管理部门是各港口的CHA，英国1987年的《引航法》规定了全国统一的引航员资格标准，各港口的资格考试必须遵守相关标准。而深海引航船员资格考试由Trinity House负责。英国的引航员首先必须是一名船长	各港口的引航费都是由港口管理部门CHA自行确定，并根据通货膨胀等有关经济条件的变化而适时做相应的调整。但政府要求所有的港口都必须为引航费设置专门的账户

州法律对引航费率的调整制定了一套严格、完整的法律程序，包括听证会的召开、时限要求等。加拿大的引航费率由引航局提出，要经过公布、征求公众意见、运输机构调查、听证会、议会采纳5个环节。首先在加拿大的政府公报上公布引航局提出的每一项引航费率，同时征求公众的意见，如果有异议可以致函加拿大运输机构（Canadian Transportation Agency），该机构启动调查程序，召开公众听证会，并给出推荐的引航费率，最终由议会决定是否采纳。如果被采纳的引航费率低于引航局提出的费率，引航局就要按规定返还多收取的引航费。

第二节　引航中央与地方事权的划分

引航属于国家事权，但并不意味着引航的所有事务都由中央政府来管理，各国中央政府和地方政府对引航管理的职能分工不尽相同。

一、中央政府管理为主

中央主管机构，如日本的国土交通省、德国的联邦运输部、比利时的弗拉芒政府，负责划分引航区域，规定需要强制引航的船舶及其免除条件，负责引航员考试、资质以及证书签发、扣押和吊销，负责制定引航费率和计收办法。地方的引航主管部门只有监督职能，确保引航规则的执行，并无实际的决策权。这种管理体制有利于中央政府对全国引航工作实行统一管理，有利于从国家利益的全局出发制定引航法规，维护国家安全和主权，但是不利于调动地方参与引航管理的积极性。

二、地方政府管理为主

有的国家将引航管理的大部分权限下放到地方，由地方主管部门负责制定本地区的引航管理办法、引航规则和相关法律，管理引航员考试和发证，制定引航费率。这种管理体制使各地方政府可以适应本地区的经济发展和港口运营情况，制定合适的引航政策，有利于地方政府在进行引航管理时充分考虑地方不同利益集团的利益。这种地方分治的体制使各地的引航管理主体不一，不利于中央政府的监管。这种体制最典型的是美国和英国。美国独立前，不同的殖民者在各自的殖民地上建立了不同的引航管理体制；独立后，美国联邦政府试图收回全国的引航管理权，但发现很难，就把引航继续留给各州政府自行管理，各州政府纷纷制定了各自的引航法。后来，美国中央政府不想完全失去引航的管理权，在1871年通过立法规定，航行于国内港口间的本国船舶的引航由联邦政府管理，实施管理职能的部门是美国海岸警卫队。但美国至今也没有统管全国引航的职能部门，也没有全国统一的引航法，这与美国的历史背景和政体有很大关系。英国所有的引航事务最初由领港公会（Trinity House）负责管理，后来转变为内河和港口的引航管理归地方港口管理部门，Trinity House只保留外海引航管理权，这是政府部门管理职能重新划分的结果。

三、介于中央政府和地方政府之间

有的国家引航管理机构介于中央政府和地方政府之间，按照引航水域而不是行政区域划分其管辖范围。例如，加拿大将引航划分为四大区域进行管理，区域性的引航管理机构遵照中央政府制定的引航法律,制定适合本辖区的引航管理规则。引航管理机构对中央政府负责,同时对本区域的引航管理有一定的自主权。这种管理体制适用于港口众多,而且分区域集中的国家,在同一引航区域内,港口规模不大,适于集中管理。

第三节 引航机构的运作模式

一、国家经营

比利时、新加坡、芬兰和澳大利亚等国家认为引航体现国家主权,应该由国家经营。一种是政府挑选适当人员以公务员或政府雇员的身份担任引航员,如比利时从事外海及河流的引航服务的引航员为国家公务员,由政府直接管辖;从事港内引航的引航员由港务局管辖。另一种是政府设立港务管理公司或者国有公司,代表政府提供引航服务,如新加坡引航员受雇于新加坡国际港务集团有限公司❶下属的子公司,港长负责引航员的日常管理。芬兰引航有限公司(Finnpilot Pilotage Ltd)隶属芬兰交通部(拥有100%股份),是国有公司。

二、合伙企业或者社团法人

引航员这一职业类似于律师、会计师或资产评估师等,引航员被定为自由职业者,引航服务被组织成为独立的经济实体,一般是合伙企业或者社团法人的模式。政府主管部门对合伙企业或者社团法人的业务进行监督,保证国家和地方法规的执行。

1. 合伙企业模式

法国、荷兰的引航组织属于这种模式。引航公司拥有引航站、引航艇、汽车、直升机等基础设施,负责基础设施的投资。引航费由引航公司收取,除了作为固定资产投资和日常营运成本外,其余全部为引航员报酬。引航员不是受雇于公司而是受雇于自己,引航员之间完全平等,但会推选一位引航员为主席,以便于内部管理和与其他企业、政府部门沟通。在引航公司内部,引航员主席与其他引航员没有上下级关系。引航公司完全由引航员自己管理,自觉遵守共同制定的职业道德规范。

2. 社团法人模式

德国的引航员兄弟会、日本引水公会、美国引航协会和新西兰引航协会采取社团法人模式。引航员以协会的形式组织在一起,协会内部有章程,章程必须通过政府引航主管部门的批准。引航站的基础设施由政府投资,交给引航员协会使用和管理。

---

❶ 新加坡国际港务集团有限公司前身是1964年4月1日成立的新加坡港务局(The Port of Singapore Authority,简称PSA),负责经营管理运作新加坡港的所有港务事宜。1997年8月25日,新加坡国会通过法案,将港务局改组为新加坡港务集团有限公司(PSA Corporation Ltd),同年9月1日开始运作。于2003年12月进行重组,并成立新加坡国际港务集团(PSA International Pte Ltd)。

第六章　我国引航发展改革模式比较分析

引航发展模式的趋势是不断为引航机构注入活力，增强引航服务能力，促进引航管理更加科学、系统、规范和制度化，推动我国引航事业平稳和可持续发展。本章分析了公益二类事业单位、公益三类事业单位、政府特许经营、专项事业编制模式、法定机构和自律性质的法人团体或合伙企业六种引航发展模式的方案，其中前五种模式可供选择。

第一节　公益二类事业单位模式

一、定义

2011 年，《国务院办公厅关于印发分类推进事业单位改革配套文件的通知》(国办发〔2011〕37 号)的子文件《关于事业单位分类的意见》中指出：公益二类事业单位是指按照国家确定的公益目标和相关标准开展活动，在确保公益目标的前提下，可依据相关法律法规提供与主业相关的服务，收益的使用按国家有关规定执行。

二、特征

根据中共中央和国务院有关事业单位分类改革的一系列文件归纳公益二类事业单位的主要特征如下：

(1)承担公益服务，可部分由市场配置资源的事业单位。

(2)对于公益二类事业单位，财政根据单位业务特点和财务收支状况等，给予经费补助，并通过政府购买服务等方式予以支持。

(3)对事业单位利用国家资源、国有资产等提供特定公共服务取得的政府非税收入，要严格按照“收支两条线”规定的要求，上缴国库或财政专户。

(4)对事业单位向社会提供经营服务取得的收入，要全额纳入单位预算，统一核算、统一管理，主要用于公益事业发展。

三、发展趋势

根据国家对事业单位分类改革的逐步推进，预测公益二类事业单位的发展趋势应该是：

(1)属于准公益类的事业单位，允许其部分市场配置资源，社会力量进入公益二类事业领域，可以适当收费，但整体定位是“非营利性”，不允许进行以盈利为目的的生产经营活动。

(2)公益性事业单位获得不同程度的财政支持，并不意味着排斥民间资本进入公益性服务领域，未来的公益性服务事业单位不是由政府包揽，而是逐步取消行政级别、管办分开、多元并存、竞争发展。

(3)对从事公益服务的事业单位进行整体的优化、提升、改造,包括改革管理体制、建立健全法人治理结构、深化人事制度改革和收入分配制度改革、推进社会保险制度改革、加强监督等,都是为了强化事业单位的公益属性。事业单位改革并不是单纯地减少数量和人员,经过剥离、改造后的事业单位,在未来发展中质量将提升,数量也会调整,一切以满足公益服务的需要为出发点。

(4)政府部门、事业单位和企业社保改革会同步推进。统筹考虑政府、事业单位、企业离退休人员养老待遇水平。

(5)通过改革,最终形成提供主体多元化、提供方式多样化的公益服务新格局。

四、改革的内容

各引航机构按照国家事业单位分类改革的要求改为公益二类事业单位,仍隶属于港口行政管理部门。

五、主要特点和有利因素

(1)符合公益二类事业单位的基本要求。

(2)国家的事业单位分类改革配套文件对编制和薪酬问题都有相关要求,各地可以在改革过程中通过与地方政府沟通解决引航员的编制和薪酬问题。

(3)有利于强化港口行政管理部门公共服务和安全管理职能。

(4)有利于引航队伍的稳定和保持政策的延续性。

六、可能遇到的问题

(1)部分规模小的引航机构与地方政府沟通引航员的待遇和编制问题可能会遇到困难。

(2)随着事业单位的不断深化改革,引航机构还需要继续随之改革。

七、下一步工作的思考

为了推进事业单位分类改革,国家已经出台了《关于创新事业单位机构编制管理的意见》《关于分类推进事业单位改革中财政有关政策的意见》和《关于深化事业单位工作人员收入分配制度改革的意见》等9个配套文件,引航机构的编制和薪酬等相关问题有望逐步解决,建议交通运输部和地方政府港口管理部门跟踪事业单位分类改革的进展情况,适时出台指导意见,推进引航机构的深化改革。

八、中央与地方事权的划分

(1)根据《船舶引航管理规定》:“引航机构是指专业提供引航服务的法人。”这里的法人没有指明是事业单位、企业还是民间组织。借助引航机构设置审批由部下放至省级港口行政管理部门的时机,交通运输部规定设立审批的引航机构是事业单位性质。

(2)省级港口行政管理部门审批引航机构的设立。

(3)对收不抵支的引航站,地方财政需要根据“收支两条线”的管理规定进行财政补贴,如果地方财政无法补贴,可以考虑撤销收不抵支的引航站,在一个省(自治区、直辖市)实行区域引航,由邻近的其他引航站代引航。

第二节　政府特许经营模式

建设部2004年制定了《市政公用事业特许经营管理办法》，其中将政府特许经营的范围规定为“城市供水、供气、供热、公共交通、污水处理、垃圾处理等行业”。从当前情况看，对政府特许经营有明确规定的，全国仅有建设部这一个部门规章。近年来，北京市、天津市等地根据建设部的《市政公用事业特许经营管理办法》相继制定了地方性管理办法。

一、定义

一般来讲，政府特许经营是指各级人民政府依法选择中华人民共和国境内外的企业法人或者其他组织，并签订协议，授权企业法人或者其他组织在一定期限和范围内建设经营或者经营特定基础设施和公用事业，提供公共物品或者公共服务的活动。

二、特征

1. 公益性

政府特许经营设立的目的是为公众提高公共物品或公共服务，必须符合社会公益的需要。对政府来说，设立政府特许经营必须从公共利益的角度出发，以最大限度满足公共利益的需要为标准；而对于被许可的主体来说，其经营活动在追求自身利益的同时，要严格受公共利益的限制，不能在违背公共利益的情况下追求自身利益的最大化。可以说，公共利益的维持一直贯穿在政府特许经营运行过程的始终。

2. 法定性

法定性是指特许经营的运行有一定的强制性规定。法定性的第一个含义是特许经营范围的设立应该由法律给予明确的规定。这主要是因为特许经营涉及公共利益，为了防止政府以获取财政收入而任意将其独占经营权转让而影响公共利益，不能由政府随便确定特许经营的适用范围，而应该由法律加以明确的规定。法定性的第二层含义是指如何授予相对人特许经营应该由法律加以明确的规定。这主要是要减少政府行政权力行使的随意性。法定性的第三层含义是指特许经营的内容，即双方的权利义务，应由法律进行一般性条款的规定。这些一般性条款不允许政府任意改变。法定性的第四层含义是指政府特许经营者的权利由法律承认。这些法律承认的特定权利主要包括：①公用征收权。公用征收权是指获得政府特许经营的特许经营者可以获得相关公物的使用权，因经营需要可使用与经营项目相关的土地、基础设施等公物。②垄断经营权。垄断经营权主要是指获得政府特许经营的特许经营者，对该领域经营资源享有排他的垄断经营权利。根据政府特许经营，特许经营者可以要求政府承担不再授予第三人同样的经营权、禁止第三人从事同样经营活动的义务。

3. 限制性

政府特许经营的限制性表现在经营行为的限制与期限存续的限制这两个方面。首先，政府特许经营在经营行为方面有着诸多限制。这些限制主要表现为以下几方面。

1)进出限制

政府特许经营主体要进入公用事业等行业进行经营活动,必须以获得政府的行政许可为前提。特许经营者如因其自身原因不能继续经营该领域而需要退出的,同样要获得政府的同意。

2)处置限制

特许经营领域均为关系国计民生的行业,沉淀资本大,准入门槛高,如允许该项权利可任意处分,必然会无限扩大公用事业建设与运营的风险,不利于该领域的改革与发展。因此,政府特许经营权不能擅自转让、出租、质押或者以其他形式处置。

3)定价限制

由于特许经营行业以为公众提供公共物品或公共服务为目的,而考虑到公共物品的经济特征,其定价主要由政府进行。因此,特许经营者在价格方面是受到政府的限制的。其次,政府特许经营的存续也是有期限限制的。这主要是因为无期限的特许经营会改变权利所指向的资源归属的性质,使政府控制的垄断性经营资源变成一项私人主体资源,这显然是与政府特许经营的设立目的相悖的。另外,对特许经营的期限进行限定可以增加获得权利的私人主体的竞争压力,激发其改善经营效率,从而增强公共物品的供给效率,促进该项事业的发展。

三、发展趋势

(1)随着政府特许经营在我国的发展,会逐步出台政府特许经营的法规,在执行新的政府特许经营法规的同时要考虑与现有管理制度的衔接。

(2)对政府特许经营者的选择方式会逐渐地多样化,原则上采用招投标的方式,特殊情况下可以采用其他方式,一般会要求实施机关提出的实施方案包括对特许经营者的选择方式。

四、改革的内容

引航机构改制为独立经营的市场主体,各地港口行政管理部门根据政府特许经营相关的法规政策与引航机构签订政府特许经营协议,授权引航机构在一定期限和范围内提供引航公共服务。

五、主要特点和有利因素

(1)符合政府特许经营的公益性特征。

(2)一个港口只有一家引航机构,与政府特许经营的限制性特征相符。

(3)能够较好地解决引航员编制和薪酬问题以及引航发展不平衡问题。

六、可能遇到的问题

(1)引航机构事业单位转为企业,将导致引航机构员工身份转变和利益调整,推行阻力可能较大,不利于行业稳定。

(2)引航机构将与当地港口管理部门脱钩,人、财、物脱离交通行业,港口管理部门可能会反对。

七、下步工作的思考

(1)除了上述提到的建设部的规章外,我国并没有一部专门的法律法规对政府特许经营的范围进行明确界定。根据《通知》的规定,由交通运输部制定《引航政府特许经营管理办法》,对引航机构的准入条件、政府特许经营协议应当包括的内容和形式、政府特许经营的法定形式和程序、引航主管部门应当履行的责任、获得特许经营权的引航机构的权利和义务、政府特许经营期限和法律责任等进行规定。

(2)引航机构设置审批由部下放至省级港口行政管理部门,要考虑《引航政府特许经营管理办法》和引航机构设立审批权限下放后管理的衔接。

(3)根据现有事业单位分类改革的《关于分类推进事业单位改革中从事生产经营活动事业单位转制为企业的若干规定》等文件要求,先将现有引航机构转制成企业,再对现有的转为企业编制的引航员执行利益补偿和社会保障政策。

八、中央与地方事权的划分

(1)交通运输部出台《引航政府特许经营管理办法》。

(2)借助引航机构设置审批由交通运输部下放至省级港口行政管理部门的时机,交通运输部规定设立审批的引航机构是政府特许经营的企业。

(3)省级港口行政管理部门审批引航机构的设立。

第三节　民间组织模式

一、社团法人模式

1. 定义

按照国务院《社会团体登记管理条例》,社团法人是指中国公民自愿组成,为实现会员共同意愿,按照其章程开展活动的非营利性社会组织。

2. 特征

1)归口登记

社团法人统一由民政部和地方县级以上民政部门登记注册,其他任何部门无权登记社团法人并颁发社会团体法人登记证书。经合法登记的社团法人,具有法人资格和民事主体资格。

2)双重管理

社团法人是登记管理机关与业务主管单位双重管理体制,登记管理机关主要进行登记管理和执法监督,业务主管单位侧重业务指导和日常业务管理。

3)分级管理

根据社团的规模,全国性社团由民政部及相应业务主管部门负责管理监督,地方性社团由地方各级民政部门及相应的业务单位负责管理监督。

4)非营利性

《社会团体登记管理条例》强调了不应以营利性为目的,不与企业争利,利润不分配给所有者和管理者。

5)社会性

与政府不具有行政隶属关系,依法自治,与政府在公共物品供给中可以合作,充分发挥反映诉求、参与决策咨询的作用,促进政府规范行政行为。

3. 发展趋势

(1)社团法人将逐步实现政社分开、管办分离,有关业务主管单位只负责业务指导,不再作为社团法人业务主管单位接受新的社团法人设立申请。

(2)按照现有《社会团体登记管理条例》规定,社团法人限制竞争,但根据社团法人改革的方向,会出现"一行多会",社团法人将会有竞争性。

(3)社团法人要与政府部门、事业单位、企业剥离,成为真正意义上的独立社团法人。

4. 改革的内容

将引航机构整体转制为社团法人,各地港口行政管理部门根据政府特许经营相关的政策法规,与引航机构签订政府特许经营协议,授权引航机构在一定期限和范围内提供引航公共服务。

5. 主要特点和有利因素

(1)符合社团组织的公益性的特征以及引航自由职业者的特征。

(2)一个港口只有一家引航机构,与政府特许经营的限制性特征相符。

(3)社团法人在获得民政部登记前,需要获得行业主管部门批准,行业主管部门可以控制。

6. 可能遇到的问题

(1)我国《社会团体登记管理条例》第十条规定成立社会团体,会员(引航员)总数不得少于50个,因此规模较小的引航机构转为社团法人,会员数量可能不够设立的条件。

(2)现行引航机构事业单位改制为社团组织,将导致引航机构员工身份转变和利益调整,推行阻力可能较大,不利于行业稳定。

(3)根据我国《社会团体登记管理条例》,引航社团为非营利性社会组织,其经费以及开展章程规定的活动按照国家有关规定所取得的合法收入,必须用于章程规定的业务活动,不得在会员中分配。引航员作为会员,只能交会费,不能领取工资,无法解决引航员的薪酬问题,因此,在目前的国家政策法规环境下,这种模式没有办法运作。

7. 下步工作的思考

(1)明确引航社团法人与政府之间的职责,制定严格的《引航社团法人管理章程》。

(2)按照我国社会团体改革的方向,将来社团法人的成立仅由民政部门批准,有可能会出现多个关于引航的社团法人,交通运输部需要提前研究引航社团法人的准入条件、资质认定等配套政策。

(3)根据事业单位改革文件要求,对从现有引航机构脱离出来加入社团法人模式的引航员执行利益补偿和社会保障政策。

8. 中央与地方事权的划分

(1)借助引航机构设置审批由交通运输部下放至省级港口行政管理部门的时机,交通运输部规定设立审批的引航机构是社团法人。

(2)省级港口行政管理部门审批引航机构的设立。

二、引航服务中心(民办非企业)模式

1. 定义

按照国务院《民办非企业单位登记管理暂行条例》(1998 年 10 月 25 日中华人民共和国国务院令第 251 号发布,以下简称《暂行条例》),民办非企业单位是指企业事业单位、社会团体和其他社会力量以及公民个人利用非国有资产举办的,从事非营利性服务活动的社会组织。

2. 特征

民办非企业单位按照《暂行条例》的相关规定登记成立的,其性质属于非营利组织(NPO)。它有个体、合伙、法人三种类型。个人出资的是个体,两人以上出资合伙举办的是合伙、两人或两人以上具备法人条件的可申办法人登记。目前教育类的全部变更为法人,卫生类的合伙的较多。

民办非企业单位的特征如下。

1)民间性

利用非国有资产举办,虽然允许有国有资产的成分,但国有资产不占主导、支配地位,非国有资产份额不得低于总财产的三分之二。这是其与事业单位的区别。

2)非营利性

不以营利为其宗旨和目的,虽然民办非企业单位可以根据其提供的社会服务收取合理的费用,但这些费用是服务的成本价格,民办非企业单位的盈余和清算后的剩余财产只能用于社会公益事业,不得在成员中分配。这是其与企业的区别。

3)实体性

面向社会开展服务,其活动的特点是连续的、经常的,其组织结构具有实体性。这是与社会团体的区别。

3. 发展趋势

目前,“国家—市场—公民社会”式的多元、稳固、良性的社会体系正在形成。其中,国家体系的主体是各级各类党政机构等公共组织,主要承担基本公益性事业服务;市场体系的主体

是各种营利性的企业,主要承担私人物品性质的事业服务;公民社会的主体则是各种具有非营利性、非政府性特征的民间组织,主要承担准公益物品性质的事业服务。在转型时期,公民社会是一个极为庞大、复杂并处在渐变中的体系。从宏观的视角看,这个体系既存在与国家体系的交集部分,如人民团体、事业单位;也存在与市场体系的交集部分,如社会企业,并在发展和转型的过程中逐渐形成既不同于国家体系也不同于市场体系的特征。

一直以来,我国传统体制下形成的事业单位日益暴露出其自身不可克服的缺陷。因此,长期进行的事业单位改革在不断深入。其中在社会服务领域,各种社会公益性服务事业原来都由政府包办,改革开放以来,民间力量逐步涉入了非营利领域甚至公益领域,形成了政府办与民间办并举的格局。20 世纪 90 年代后,随着体制改革步伐的加快,单位制度的改革也日益深入。过去完全由国家兴办的事业单位开始部分地转向由私人或社会资金兴办。“民办”与“公办”相对,凡政府兴办的社会服务组织依据《事业单位登记管理暂行条例》被定性为事业单位,社会兴办的在《民办非企业单位登记管理暂行条例》颁布实施后则正式被称为民办非企业。随着“小政府、大社会”格局的逐渐形成,许多需要拾遗补阙的工作和大量的社会事务性工作被历史性地转到了民办非企业的职能范围内。

当前,在事业单位分类改革中,民办非企业具有广阔的发展空间,将民办非企业合理地定位于社会部门的一类组织,通过积极调整政府职能,合理界定政府、市场、社会在社会公共事业中的作用及相互关系,能够依此理顺民办非企业所应承担的社会职能——为社会提供公共服务。如今,各种类型的民办非企业扩大了公共服务的供给并改善了公共服务的绩效,成为事业单位改革和政府职能转变的推手;吸纳社会就业并培育了新的经济增长点,促进社会资本培育和公民社会成长,成为和谐社会的重要组织基础。

4. 改革的内容

引航员及后勤人员从引航机构中分离出来,成立当地民办非企业性质的引航服务中心,提供劳务服务,引航机构改革为公益二类的事业单位或并入当地港口行政管理部门,当地引航机构接受船公司申请并收取引航费,代表政府向引航服务中心购买服务,并负责引航基础设施的建设和维护,引航服务中心向引航员及后勤人员支付劳务报酬。

5. 主要特点和有利因素

(1)我国《民办非企业单位登记管理暂行条例》规定,在同一行政区域内已有业务范围相同或者相似的民办非企业单位,设必要成立的,不予登记成立。符合引航不能完全由市场配置资源的特点。

(2)能够较好地解决引航员编制和薪酬问题及引航发展不平衡问题。

(3)民办非企业单位在获得民政部门登记前,需要获得行业主管部门批准,业务主管部门可以控制。

6. 可能遇到的问题

(1)引航员及后勤人员脱离引航机构加入引航服务中心,将导致引航机构员工身份转变和利益调整,可能受到部分引航员的反对,推行阻力可能较大,不利于行业稳定。

(2)操作比较复杂,现有引航机构需要转制为公益二类事业单位或并入当地港口行政管理部门，引航员及后勤人员要转制为民办非企业的员工，涉及的主体和环节较多。

7. 下步工作的思考

按照《暂行条例》的相关规定，除了民政部门以外，其他业务部门都无权向民办非企业单位登记和颁发证书。民政部门对民办非企业单位实行双重负责的管理体系，即民政部门作为统一登记管理机关，负责民办非企业单位的成立、复查、注销登记，年度检查、行政处罚，等等。各业务主管单位要负责民办非企业单位成立、变更、注销登记前的审查及思想政治工作、财务活动、人事管理等。因此，各地港航管理部门要积极做好行业管理工作，对引航服务中心的成立等各个环节严格把关，同时做好行业的监管工作。

另外，各地引航服务中心成立后，可以作为会员加入中国引航协会，以加强行业自律。

8. 中央与地方事权的划分

（1）借助引航机构设置审批由交通运输部下放至省级港口行政管理部门的时机，交通运输部规定设立审批的引航机构是民办非企业。

（2）省级港口行政管理部门审批引航机构的设立。

第四节　适合我国引航发展的模式选择

本节分析了引航机构发展的四类模式：公益二类事业单位、政府特许经营、社团法人和引航服务中心（民办非企业），四类模式的比较分析见表 6-1 ~ 表 6-4。按照我国事业单位体制改革的总体要求，结合我国引航机构发展实际，引航发展模式改革是有利于港航事业的发展和政府职能转变，有利于引航服务功能和安全高效引航的实现，有利于调动引航机构广大职工的积极性、主动性。引航发展模式可以按照“由政府监管、按照公共服务的性质、保证港口和航运安全高效进行”的原则确定，我们推荐的引航机构发展模式是公益二类事业单位。引航在这次事业单位分类改革中继续保持公益服务事业单位的性质，是对引航体制改革成果的巩固，充分考虑了航运事业发展的状况、我国的现实体制机制、引航的特殊性，符合国务院有关文件的要求。

公益二类事业单位模式分析　　表 6-1

定义	按照国家确定的公益目标和相关标准开展活动，在确保公益目标的前提下，可依据相关法律法规提供与主业相关的服务，收益的使用按国家有关规定执行
特征	（1）承担公益服务，可部分由市场配置资源的事业单位。 （2）财政根据单位业务特点和财务收支状况等给予经费补助，并通过政府购买服务等方式予以支持。 （3）对事业单位利用国家资源、国有资产等提供特定公共服务取得的政府非税收入，要严格按照“收支两条线”规定的要求，上缴国库或财政专户。 （4）对事业单位向社会提供经营服务取得的收入，要全额纳入单位预算，统一核算、统一管理，主要用于公益事业发展
改革的内容	各引航机构按照国家事业单位分类改革的要求改为公益二类事业单位，仍隶属于港口行政管理部门

续上表

主要特点和有利因素	(1)符合公益二类事业单位的基本要求。 (2)国家的事业单位分类改革配套文件对编制和薪酬问题都有相关要求,各地可以在改革过程中通过与地方政府沟通解决引航员的编制和薪酬问题。 (3)有利于强化港口行政管理部门公共服务和安全管理职能。 (4)有利于引航队伍的稳定和保持政策的延续性
可能遇到的问题	(1)部分规模小的引航机构与地方政府沟通引航员的待遇和编制问题可能会遇到困难。 (2)随着事业单位的不断深化改革,引航机构还需要继续随之改革
下一步工作的思考	为了推进事业单位分类改革,国家已经出台了《关于创新事业单位机构编制管理的意见》《关于分类推进事业单位改革中财政有关政策的意见》和《关于深化事业单位工作人员收入分配制度改革的意见》等9个配套文件,引航机构的编制和薪酬等相关问题有望逐步解决,建议交通运输部和地方政府港口管理部门跟踪事业单位分类改革的进展情况,适时出台指导意见,推进引航机构的深化改革

政府特许经营模式分析　　表6-2

定义	各级人民政府依法选择中华人民共和国境内外的企业法人或者其他组织,并签订协议,授权企业法人或者其他组织在一定期限和范围内建设经营或者经营特定基础设施和公用事业,提供公共物品或者公共服务的活动
特征	(1)公益性。 (2)法定性。 (3)限制性
改革的内容	引航机构改制为独立经营的市场主体,各地港口行政管理部门根据政府特许经营相关的法规政策,与引航机构签订政府特许经营协议,授权引航机构在一定期限和范围内提供引航公共服务
主要特点和有利因素	(1)符合政府特许经营公益性特征。 (2)一个港口只有一家引航机构,与政府特许经营的限制性特征相符。 (3)能够较好地解决引航员编制和薪酬问题以及引航发展不平衡问题
可能遇到的问题	(1)引航机构事业单位转为企业,将导致引航机构员工身份转变和利益调整,推行阻力可能较大,不利于行业稳定。 (2)引航机构将与当地港口管理部门脱钩,人、财、物脱离交通行业,港口管理部门可能会反对
下一步工作的思考	(1)我国并没有一部专门的法律法规对政府特许经营的范围进行明确界定。根据《通知》规定,由交通运输部制定《引航政府特许经营管理办法》,对引航机构的准入条件、政府特许经营协议应当包括的内容和形式、政府特许经营的法定形式和程序、引航主管部门应当履行的责任、获得特许经营权的引航机构的权利和义务、政府特许经营期限和法律责任等进行规定。 (2)引航机构设置审批由部下放至省级港口行政管理部门,要考虑《引航政府特许经营管理办法》和引航机构设立审批权限下放后管理的衔接。 (3)根据现有事业单位分类改革的《关于分类推进事业单位改革中从事生产经营活动事业单位转制为企业的若干规定》等文件要求,先将现有引航机构转制成企业,再对现有的转为企业编制的引航员执行利益补偿和社会保障政策

民间组织模式——社团法人模式分析　　表6-3

定义	中国公民自愿组成,为实现会员共同意愿,按照其章程开展活动的非营利性社会组织
特征	(1)归口登记。归口登记是指社团法人统一由民政部和地方县级以上民政部门登记注册,其他任何部门无权登记社团法人并颁发社会团体法人登记证书。经合法登记的社团法人,具有法人资格和民事主体资格。 (2)非营利性。非营利性强调了不应以营利性为目的,不与企业争利,利润不分配给所有者和管理者。 (3)社会性。与政府不具有行政隶属关系,依法自治,与政府在公共物品供给中可以合作,充分发挥反映诉求、参与决策咨询的作用,促进政府规范行政行为

续上表

改革的内容	将引航机构整体转制为社团法人,各地港口行政管理部门根据政府特许经营相关的政策法规,与引航机构签订政府特许经营协议,授权引航机构在一定期限和范围内提供引航公共服务
主要特点和有利因素	(1)符合社团组织的公益性的特征以及引航自由职业者的特征。 (2)一个港口只有一家引航机构,与政府特许经营的限制性特征符合。 (3)社团法人在民政部登记前,需要行业主管部门批准,行业主管部门可以控制
可能遇到的问题	(1)我国《社会团体登记管理条例》第十条规定,成立社会团体,会员(引航员)总数不得少于50个,因此规模较小的引航机构转为社团法人,会员数量可能不够设立的条件。 (2)现行引航机构事业单位改制为社团组织,将导致引航机构员工身份改变和利益调整,推行阻力可能较大,不利于行业稳定。 (3)根据我国《社会团体登记管理条例》,引航社团为非营利性社会组织,其经费以及开展章程规定的活动按照国家有关规定所取得的合法收入,必须用于章程规定的业务活动,不得在会员中分配。引航员作为会员,只能交会费,不能领取工资,无法解决引航员的薪酬问题,因此,在目前的国家政策法规环境下,这种模式没有办法运作
下一步工作的思考	(1)明确社团法人与政府之间的职责,制定严格的《引航社团法人管理章程》。 (2)按照我国社会团体改革的方向,将来社团法人的成立仅由民政部门批准,有可能会出现多个关于引航的社团法人,交通运输部需要提前研究引航社团法人的准入条件、资质认定等配套政策。 (3)根据事业单位改革文件要求,对从现有引航机构脱离出来加入社团法人模式的引航员执行利益补偿和社会保障政策

民间组织模式——引航服务中心(民办非企业)模式分析　　表6-4

定义	企业事业单位、社会团体和其他社会力量以及公民个人利用非国有资产举办的,从事非营利性服务活动的社会组织
特征	(1)民间性。利用非国有资产举办,虽然允许有国有资产的成分,但国有资产不占主导、支配地位,非国有资产份额不得低于总财产的三分之二。这是与事业单位的区别。 (2)非营利性。不以营利为其宗旨和目的,虽然民办非企业单位可以根据其提供的社会服务收取合理的费用,但这些费用是服务的成本价格,民办非企业单位的盈余和清算后的剩余财产只能用于社会公益事业,不得在成员中分配。这是与企业的区别。 (3)实体性。面向社会开展服务,其活动的特点是连续的、经常的,其组织结构具有实体性。这是与社会团体的区别
改革的内容	引航员及后勤人员从引航机构中分离出来,成立当地民办非企业性质的引航服务中心,提供劳务服务,引航机构改革为公益二类的事业单位或并入当地港口行政管理部门,当地引航机构接受船公司申请并收取引航费,代表政府向引航服务中心购买服务,并负责引航基础设施的建设和维护,引航服务中心向引航员及后勤人员支付劳务报酬
主要特点和有利因素	(1)我国《民办非企业单位登记管理暂行条例》规定:在同一行政区域内已有业务范围相同或者相似的民办非企业单位,不予登记成立。符合引航不能完全由市场配置资源的特点。 (2)能够较好地解决引航员编制和薪酬问题及引航发展不平衡问题。 (3)民办非企业单位在民政部门登记前,需要行业主管部门批准,业务主管部门可以控制
可能遇到的问题	(1)引航员及后勤人员脱离引航机构加入引航服务中心,将导致引航机构员工身份转变和利益调整,可能受到部分引航员的反对,推行阻力可能较大,不利于行业稳定。 (2)操作比较复杂,现有引航机构需要转制为公益二类事业单位或并入当地港口行政管理部门,引航员及后勤人员要转制为民办非企业的员工,涉及的主体和环节较多
下一步工作的思考	按照《民办非企业单位登记管理暂行条例》的相关规定,除了民政部门以外,其他业务部门都无权向民办非企业单位登记和颁发证书。民政部门对民办非企业单位实行双重负责的管理体系,即民政部门作为统一登记管理机关,负责民办非企业单位的成立、复查、注销登记,年度检查、行政处罚,等等。各业务主管单位要负责民办非企业单位成立、变更、注销登记前的审查及思想政治工作、财务活动、人事管理等。因此,各地港航管理部门要积极做好行业管理工作,对引航服务中心的成立等各个环节严格把关,同时做好行业的监管工作。另外,各地引航服务中心成立后,可以作为会员加入中国引航协会,以加强行业自律

第五节　其他行业和地方对机构运行模式的探索

一、法定机构

1. 定义

法定机构是“根据立法机构通过的专门法律或一部法律的某条款而设立的、具体职责和主要业务范围由法律规定的管理社会公共事务或提供公共服务的公营机构，不列入行政机构序列，依照国家有关法律、法规、规章规定对其进行监管，具有独立法人地位”。

2. 特征

一般来说，完整形态的法定机构要具有一事一定的专门立法，通过签订行政合同的方式履行提供公益服务的法定职责、决策执行分离的内部管理体制、实行员工聘用制、自主决定薪酬制度、接受政府监督等，能够依法独立运行。法定机构的主要特性如下：

其一，法定性。顾名思义，法定机构都是以立法为依据而设立的。通常，机构的宗旨、职责、财务、人事、薪酬、治理机制、责任等都由法律直接规定。

其二，专门性。法定机构不仅是法定成立的，而且都是专门成立的，所以一般都是“一法一机构”，这是因为任何法定机构都不是凭空成立的，都是由于新型职能和新任务的产生，或者政府管理经济和社会事务的方式方法的调整而通过特别立法设立的。设立法定机构的法律都会赋予该法定机构特殊的功能、特殊的任务、特殊的运作方式和治理方法。

其三，独立性。法定机构由立法机构设立，这意味着政府无权根据需要直接设立法定机构，因此，法定机构与政府及其部门的边界清晰，这使得法定机构不受政府及其部门的干预，能够保持其必要的独立性，依法提供专门的公共服务或者行使一定的公共管理职能。当然，法定机构保持必要的独立性并不是说不需要接受监督，因为法定机构作为一个公法人，理所当然要接受监督，包括立法机构的监督、审计机关的监督和公众监督。所以，关于法定机构的财务透明要求和问责制度的安排都是非常严格的。除了接受立法机构和审计机构的问责之外，法定机构的年度业务报告和财务报告都必须向公众公告。另外，法定机构保持必要的独立性和清晰的边界，也更有利于立法机构、审计机构和公众的监督，避免权责利界限的模糊而导致监管失效。

3. 发展趋势

一般认为，在各类主体所提供的公共服务中，有一部分不仅具有公益属性，而且专业技术要求非常高，如规划设计、检测服务等。这种公益明显、专业技术要求高的公共服务，可以作为构建法定机构的突破口。

4. 深圳市城市规划发展研究中心的管理方式和运行机制

广东省在广州、深圳、珠海等市开展了法定机构改革试点。作为深圳市第一家法定机构试点单位，深圳市城市规划发展研究中心（以下简称规划研究中心）于 2008 年 6 月 2 日挂牌成立，实行法定机构的管理方式和运行机制。

（1）机构依法设立。法定机构与专门立法一一对应，是立法的产物。对应于规划研究中心的立法是《深圳市城市规划发展研究中心管理办法》（以下简称《管理办法》），它以规范规划研究中心的管理和运作为目的。该中心是根据《管理办法》设立的公共服务机构，按事业法人登记，依法独立运作，依照《管理办法》履行职责。

（2）通过约定方式履行法定职责。一方面，规划研究中心的职责是法定的，要承担《管理办法》规定的多项职责；另一方面，《管理办法》要求规划研究中心与政府委托单位签订合同，明确双方权利义务。法定机构通过约定方式履行法定职责，实现了约定和法定两种治理方式的有机结合。

（3）实行理事会决策、中心主任执行的内部管理体制。根据《管理办法》，规划研究中心设理事会为决策机构，它可以根据工作需要聘用专业人士成立咨询委员会。设中心主任为法定代表人，负责日常管理工作，对理事会负责，接受理事会监督；同时设立总规划师、总建筑师和总工程师协助中心主任开展工作。此外，《管理办法》还规定，在制定薪酬管理、社会保障等重大制度时，应当在理事会审议前提交职工大会或职工代表大会讨论。

（4）配套的财务管理、人事管理和社会保障制度。《管理办法》要求规划研究中心建立科学、规范、公开的财务管理制度；按精简、效能原则设置人员岗位，按照公平、公正、竞争、择优原则聘用人员；自主制定薪酬分配制度；依法与聘用员工签订劳动合同，参加企业社会保险，并按市有关规定建立企业年金制度。在此基础上，规划研究中心制定并实施《民主评议管理规定》《薪酬管理规定》《绩效考核管理规定》等自我管理规范。

（5）接受政府监督管理。为了保证规划研究中心秉持科学、开放、公益、可持续发展的原则，《管理办法》在授权其自我管理的同时，又要求其接受政府监管，以寻求授权与控权的平衡。具体措施包括：中心主任的任免由规划国土部门提出，总规划师、总建筑师和总工程师的任免人选要报规划国土部门审定，薪酬分配方案、企业年金方案以及中心管理层具体薪酬标准和激励事项要报规划国土部门审定，人员总额由规划部门审核后报机构编制管理部门审批，岗位设置及人员聘用受规划国土部门和人力资源保障部门监督，薪酬调整机制要受规划国土部门、人力资源保障部门和财政部门监督，接受审计监督，等等。

5. 主要特点和有利因素

法定机构兼有公共性与经营性，它与政府、事业单位相比的有利因素在于：

一是拥有管理、人事聘用和独立的财权，能以有竞争力的市场化薪酬吸引更多的人才。

二是法定机构一般以政府购买服务的形式接受拨款，但是不受政府部门的微观干预，因此能够扮演政府体系之外的比较中立、客观的角色，在政府与公众之间出现某些暂时性的矛盾与冲突时起到一定程度上的缓冲作用。

三是法定机构能够克服政府部门因程序繁多所带来的体制僵化、效率低下以及针对性较差的问题，具有一定的专业性、针对性以及灵活性。

与企业相比,法定机构董事会或理事会的主要领导一般要报政府认可,决策过程在政府、公众特别是服务对象的监督下进行,信息公开透明,更能保障公共利益。其与社会组织的区别在于,它并非个人的简单集合,而是专业化、服务类的实业态组织,其产出不是活动而是可清晰划分的具有某种特性的公共服务,并担负着政府的公共管理使命。

6. 下一步工作的思考

一是法定机构的立法工作有待突破:需要制定法定机构的设立、变更等法律程序;在注册登记中,注册类型只有"企业、事业单位、社会组织"三类,还需加上"法定机构"这一类别。二是法定机构的运作还未进行充分验证,它与政府、企业、事业单位和社会组织多种主体在共同提供公共服务时的定位还需要进一步明确。

二、公益三类事业单位

1. 定义

《广州市事业单位分类改革实施意见》指出:公益三类事业单位是指从事的业务活动具有一定公益属性,但社会化程度较高,与市场接轨能力较强,可基本实现由市场配置资源的事业单位。

2. 特征

《广州市事业单位分类改革实施意见》的相关条款归纳了公益三类事业单位的特征:

(1)实行经费自理,自主开展公益服务和相关经营活动,依法取得的经营收入可自主支配并依法纳税。

(2)受政府委托承担有关公益任务的,政府采取购买服务的方式予以相应支持。

(3)具备转企条件的,逐步转为企业。

3. 主要特点和有利因素

由于公益三类事业单位和公益二类事业单位都属于公益类事业单位,公益三类事业单位的优势和公益二类事业单位有相同之处,表现为:

(1)实行由港口管理部门管理的公益三类事业单位体制,行业主管部门明确,监管成本较低。

(2)公益三类事业单位较好地体现了引航活动的公共服务及安全属性,同时兼顾了引航服务的经济性。

不同之处在于:公益三类事业单位的财务管理实行自收自支、预算管理,与《交通运输部办公厅关于加强引航管理的通知》(交办水〔2016〕177号)"引航收入应当用于引航机构人员费用、设备购置、设施建设、教育培训、运营管理等,如有节余,应当由所在地港口行政管理部门在当地人民政府领导下制定资金使用方案,用于港口公用基础设施维护等用途"的规定一致,管理上更顺畅,引航费的使用更方便,有利于引航事业的发展和引航队伍的稳定。

4. 可能遇到的问题

公益三类事业单位与公益二类事业单位一样，还是不能解决引航员编制与薪酬标准的问题，这些方面的配套措施与公益二类事业单位一样。

另外，在《中共中央国务院关于分类推进事业单位改革的指导意见》（中发〔2011〕5 号）和《国务院办公厅关于印发分类推进事业单位改革配套文件的通知》（国办发〔2011〕37 号）中没有公益三类事业单位，广东是全国事业单位分类改革 5 个试点省（市）之一，对事业单位分类改革可进行探索。广州作为试点可以实行公益三类事业单位，如果其他地区的事业单位分类改革实施意见中没有公益三类事业单位，这些地区就不能实施公益三类事业单位。

三、专项事业编制模式

1. 定义

本书定义的专项事业编制模式是指：事业单位根据用人单位的需要为企业派遣事业编制人员，派遣人员的档案工资执行事业单位人员工资标准，并按政策规定同步调整，享受事业单位性质的养老、医疗、失业等社会保险待遇，专项事业编制人员的年度考核与用人企业同步进行，可参加用人企业内部中层干部竞争上岗，派遣人员在企业间的所有费用（包括工资、福利及各类社会保险等费用）由用人企业承担。

2. 特征

专项事业编制模式具有如下特征：

（1）派遣人员要符合用人企业的专业技术要求和所规定的其他条件。

（2）派遣人员的档案工资执行事业单位人员工资标准，并按政策规定同步调整。

（3）派遣人员享受事业单位性质的养老、医疗、失业等社会保险待遇。

（4）派遣人员的年度考核与用人单位同步进行，考核表、考核结果由用人企业上报派出事业单位，经事业单位的职能部门审核后存档。

（5）派遣人员年度考核结果的使用按照合同约定或参照用人单位在编在岗人员办理。

（6）派遣人员可参加用人企业内部中层干部竞争上岗，竞争上岗结果报派出事业单位备案存档。竞争上岗后，派出事业单位有编制和职位的，可向市编委会申请入编；没有编制的，派遣人员身份性质保持不变。

3. 特点和有利因素

专项事业编制模式具有如下特点和有利因素：

（1）专项事业编制人员虽然是事业编制，但进编不占编，没有增加政府财政负担。

（2）对已有职称或新取得职称的专项事业编制人员核定的工资标准，按用人企业的规定和合同兑现，并不受专业技术、管理岗位设置结构比例的限制。

（3）派遣期间能保留企业的高薪，退休后各项待遇有保障。

（4）有利于引进、留住、储备专业人员，可有效保障专业人员的合法权益，充分调动其积极性、主动性和能动性，以促进企业更好更快地发展。

4. 下一步改革的内容

(1)具有事业单位性质的引航站(中心)需要注册成立具有企业性质的引航技术服务中心，引航站(中心)可向引航技术服务中心派遣事业编制引航员。

(2)引航站(中心)、被派遣引航员和引航技术服务中心三方签订聘用合同，约定责、权、利。

第七章　下一步深化改革的对策建议

基于我国引航现状，按照国家相关改革要求，结合引航机制面临的形势和问题，引航下一步深化改革按照引航准公共物品的属性以及中央和地方共有事权的原则，完善引航管理机制，加强引航基础设施和队伍建设，强化安全管理，提升服务能力，形成务实高效、平安智慧、保障有力的引航服务体系，促进水运事业的健康发展的方向推进。一是立足当前，着眼长远。在巩固现有引航体制改革成果的基础上，以客观公正的立场，从改革的全局出发，进一步完善引航管理体制机制，不断满足经济社会发展对引航服务的需求。二是统筹兼顾，稳步推进。兼顾地方政府、船公司、港口企业及引航员个人等各方利益，紧密结合我国国情和引航特点，积极稳妥，分步实施。三是地方主导，分类指导。以地方为主导组织实施，保证各项措施顺利实施。各地结合实际，建立完善各项制度。坚持引航改革正确方向，区别推进。

为贯彻落实中央关于深化改革的精神，借鉴典型国家港口引航发展模式的经验，进一步提高我国引航服务能力和水平，加强引航管理，提出如下建议。

一、建立健全引航监督体系，加强引航准入与监管

各国通过建立国家综合监管体系力求确保每艘需要引航员的船舶都能及时获得训练有素、称职、休息良好的引航员。世界各国对引航有严格的行业准入，通过规定申请引航员的资质及基本任职条件、管理考试和签发证书、定期培训、连续训练、能力评估等措施实现对引航员的管控，以保证引航员的高素质，从而确保引航的安全。按照交通运输部相关要求，沿海港口行政管理部门和长江航务管理局需建立健全引航监督委员会，强化联席会议制度，并将定期召开的联席会议情况报省级交通运输主管部门和交通运输部。省级交通运输主管部门和长江航务管理局需加强引航管理，建立引航服务举报制度，查处不正之风和不规范行为。沿海港口行政管理部门、海事管理机构需按照《船舶引航管理规定》《中华人民共和国海上交通安全法》《中华人民共和国引航员管理办法》加强对引航机构和引航员的日常监督管理。按照引航员任职、培训、考试和评估的管理规定，严格引航员资质管理。研究深化引航员培养机制，加大引航员培养力度。加强引航员的在职培训，妥善处理好引航员集中考试培训与引航生产的关系。大力推广和应用航海新技术，拓宽引航员知识结构，不断提升引航员的技术理论和实操水平。

二、政府严格管理引航费收支，不断完善引航基础设施建设

各个国家的引航费率一般直接由政府主管部门制定，或者由引航员组织提出方案，通过政府主管部门审批。为了履行引航职责，需要维持训练计划、引航艇、调度服务以及现代、高效和安全引航操作所需的所有其他类型的设备和支持系统。一般而言，引航费率水平应该能补偿

提供现代全套引航服务所支出的费用,包括引航艇使用保养、引航基础设施的维护、机构运行等的费用开销、成为引航员所经历的长期教育培训费用的补偿以及退休后的养老金。我国引航服务按照国家规定收费,属于国家统一定价,沿海港口的引航收费属于经营服务性收费,实行政府指导价,上限管理;长江引航收费属于行政事业性收费。引航收入主要用于引航机构的建设及其人员的薪酬,如有结余则用于港口公用基础设施的维护。现阶段,引航机构应严格执行国家有关收费规定,对外公布收费清单,接受外部监督。沿海港口行政管理部门和长江航务管理局需制定引航中长期规划,建设布局合理、功能完备的引航基地,配备适宜的交通船艇;加快引航信息化建设步伐,构建集引航计划、调度、监控等功能于一体的引航信息网络服务系统,并与港口企业、港航管理部门、海事管理机构信息系统有效衔接。

三、确保引航机构的公益服务属性,完善引航体制机制

大多数国家一个港口设置一家引航机构,完全市场化的模式较少,国外的引航明确规定引航应保证公共利益,提供公共服务,不以营利为目的。各国都建立了一套适合各自国情和独特环境的引航制度,进一步完善引航管理体制机制,不断满足经济社会发展对引航服务的需求,形成务实高效、平安智慧、保障有力的引航服务体系。为了保障港口的公共安全和清洁,按照国外的通行做法,引航不能采取多家经营的模式。引航员是以个人的技能为船方提供技术服务的,是船方的雇佣者,接受船方的监督,船方对引航员的技能和服务有提出意见的权力。沿海港口保持"一港一引航"的模式,由当地政府指定引航机构;航行在长江的船舶由长江引航中心统一提供服务,按照《国务院办公厅转发交通部等部门关于深化中央直属和双重领导港口管理体制改革意见的通知》(国办发〔2001〕91 号)的规定,长江引航中心应直接隶属长江航务管理局。引航机构管理模式在未来修订的港口法中一并明确,现阶段继续实行行政许可的模式,保留公益事业单位的性质,建立引航员编制动态调整机制,使引航员的编制与港口生产的要求相适应;未来引航的发展规划、财务预决算、安全监管等由当地港口行政管理部门负责,具体的引航作业业务、日常管理由引航机构负责;进一步探索符合引航员队伍稳定和发展的激励机制,完善引航员薪酬分配制度。中国引航协会需进一步发挥服务行业、港航、政府主管部门的作用,加强政策研究和标准制定,做好行业信息的收集、分析以及培训交流工作,维护引航机构及其从业人员的合法权益,督促解决引航服务存在的问题,推进引航文化建设,凝聚行业力量。

附录　典型国家港口引航发展模式

我们查找了多个国家的引航资料，从现有资料看，由于历史和国情不同，这些国家在引航的组织形式、机构设置、管理权限等方面不尽相同。总体来看，大多数国家采用社团法人模式，一个港口设置一个引航机构。

一、美国引航发展模式

引航在美国具有一定的强制性和垄断性，同一水域只设一家引航机构，引航机构内部采取轮班制度。

1. 引航管理体制

美国对船舶引航总体上采取联邦政府和地方政府二级管理。美国国会赋予海岸警卫队对联邦引航员的管理职能，赋予各州政府对引航员和引航机构的管理职能。海岸警卫队和各州政府分别负责对联邦引航员和州引航员的发证工作。美国海岸警卫队仅对从事国内贸易的船舶驾驶员拥有管辖权，法院裁定海岸警卫队无权因驾驶外贸船舶时违规而暂停或吊销驾驶员执照。美国海岸警卫队规定了联邦引航员的任职条件及考试、培训和发证程序。由州政府签发的引航员证书，其任职条件不得低于联邦引航员的标准，通常要高出好多，一般从经验丰富的船长中选拔。

美国各州成立的引航委员的最高领导为委员会主席，由成员选举产生，并通过州长任命。引航委员会主席根据需要可以设置咨询委员会、引航员评估委员会和事故调查委员会，为其决策提供咨询和建议。州和地方引航委员会只对外贸船舶（运载国际货物的船舶）的引航拥有管辖权。各州引航委员会具有制定和调整引航费率，监督引航员的雇用、培训和表现，确定引航员数量规模和处罚违纪引航员的管理职能，但引航费率受政府管制。州法律对引航费率的调整制定了一套严格、完整的法律程序，包括听证会的召开、时限要求等。

洛杉矶港引航站与美国大部分引航机构不同，它隶属于市政府港口管理部门——洛杉矶市港湾管理委员会，其引航员属于政府公务员，且仅持有联邦引航员证书。洛杉矶是美国唯一一个由政府单独负责的引航组织。经过为期两年的严格培训，每位引航员每两年参加一次船舶模拟器培训，每四年参加一次法国格勒诺布尔的载人模型船舶操作课程，以此继续他们的教育。在过去的10年里，这些训练有素的专业人员已经在洛杉矶港安全完成了55000多艘船只的引航。

2. 引航的法律法规

美国的每个港口或区域都有单独的法规，还有适用于全州所有引航员的附加法规。有多个港口和引航区的州，如佛罗里达州，对整个州都有一个法规。加利福尼亚州有多种引航系统。旧金山有一个传统的国家引航系统,有自己的地位和引航委员会。洛杉矶和长滩的主要港口以及圣地亚哥、休内梅港和洪堡湾(尤里卡)的较小港口没有州引航法规或传统的州引航制度。在这些港口引航是当地港务局的责任,在那里工作的引航员,除洪堡湾的引航员外,不持有州引航员执照。每个港口的引航要求和规定都包含在各自的港口关税中。在洛杉矶,引航员是港口的市政雇员;在长滩,引航员是私人公司雅各布森领航服务公司的雇员或股东,该公司拥有港口提供引航服务的独家特许经营权。洛杉矶和长滩不被认为是州引航系统的一部分。

3. 引航员资质及准入要求

联邦引航员的基本任职条件是:年龄不低于 21 岁,美国公民,身体健康,不低于 36 个月的船舶甲板部门工作经验,其中 18 个月作为舵工、二副或同级别工作经验。

由州政府签发的引航员证书则要严格很多。以加利福尼亚州引航委员会签发的证书为例,其申请者必须持有海岸警备队签发的具有雷达培训签注的有效船长证书,并且具备 2 年以上的工作经验,才有资格参加引航员培训程序。

当引航员指挥船舶通过港口时,船长仍然有权指挥船只,并对船舶的安全航行负有最终责任。只有在紧急情况下,船长才有可能撤销引航员的命令。联邦政府对国内贸易船舶引航有管辖权,如一艘从阿拉斯加向加利福尼亚运送石油的油轮。一般来说,从事国内贸易的船长将在其船长执照上附上海岸警卫队引航员的背书,因此在进入港口时不需要雇用引航员,而是有权在该港口驾驶船舶。这种联邦引航员授权是最常见的。还有一些独立的联邦引航员不是受雇于沿海航运公司,而是在他们获得执照的特定港口提供驾驶服务。与州引航员执照一样,联邦引航员执照也适用于特定的港口,因此,船长必须在其希望定期停靠的港口获得相应的引航员执照。一般来说,所有获准驾驶外贸船舶的州和地方引航员也持有国内贸易驾驶船舶的联邦执照。如上所述,大多数州和地方引航委员会要求联邦引航员执照,作为获得州引航员执照的最低要求。联邦政府将向任何有资格的人授予联邦引航员执照,这不同于各州根据他们对引航员服务的需求来规定执照的授予。

4. 引航费率定价及监管模式

美国的引航费率受政府管制,具体由引航主管部门制定,具体收费标准以长滩港为例,详见附表 1。费率的制定主要考虑如下因素:①引航机构的成本;②保证足够的回报以吸引高素质的引航员;③物价指数;④可比港口的收费水平;⑤可比服务的收入费用比;⑥其他港口的收费办法;⑦对地方航运业的经济影响;⑧船舶交通量;⑨引航员数量;⑩引航员的风险;⑪引航安全设备和引航支持系统的变化和革新;⑫其他因素。引航费收的 40% 用于机构运作和公共成本支出,60% 作为引航员报酬。

洛杉矶港引航站采取收支两条线的制度,引航费收纳入市财政,引航站各项成本支出和引航员报酬每年编制预算上报市政府,经批准后市财政下拨。因此,引航员只负责把业务做好,并不太关心引航收费水平。

美国大多数港口要求船舶雇用引航员,也就是说,这是强制性的。在一些港口,雇用引航员可能是自愿的。在这种情况下,如果船长定期在港口停靠,并且确信能够在港口驾驶船舶,船长可以选择不雇用引航员,但航运公司仍将收取全部引航费或其中的一部分。

(1)引航费在规定的所有其他费用外另行收取,所有船舶均应根据规定计算引航费,并在船舶离开长滩港前,由船东、船长、承运人、租船人或船代向长滩港引航承包商支付,除非存在以下特殊情况(特例1、2和注解)。

引航费基本费率为每注册总吨0.0062美元,并按附表1,根据船舶总长度计算附加费用。

长滩港的引航收费标准

附表1

船舶总长度(见条目215)(米)	收费标准(美元/每次引航)		
	入港或离港	港口间移泊	港内移泊
0～125	548	397	374
125～128	573	403	374
128～131	599	421	374
131～134	625	436	374
134～137	658	459	395
137～140	697	492	421
140～143	742	520	445
143～146	779	548	470
146～149	826	578	494
149～152	864	605	520
152～155	906	634	547
155～158	951	661	567
158～161	988	693	592
161～164	1030	721	619
164～167	1070	747	643
167～170	1111	777	666
170～173	1154	805	693
173～176	1194	835	719
176～179	1246	872	746
179～182	1302	910	778
182～185	1354	951	812
185～188	1408	988	847
188～191	1464	1028	882
191～194	1522	1067	913
194～197	1578	1102	947
197～200	1632	1139	979
200～203	1687	1182	1013

续上表

船舶总长度(见条目215)(米)	收费标准(美元/每次引航)		
	入港或离港	港口间移泊	港内移泊
203~206	1741	1222	1046
206~210	1797	1260	1079
210~214	1853	1300	1111
214~220	1909	1335	1142
220~226	1966	1377	1178
226~232	2019	1414	1210
232~238	2076	1455	1246
238~244	2130	1489	1276
244~250	2185	1529	1309
250~256	2241	1567	1347
256~262	2296	1608	1380
262~268	2355	1645	1408
268~274	2425	1684	1443
274~280	2464	1724	1477
280~286	2518	1763	1511
286~292	2573	1800	1543
292~298	2630	1839	1578
298~304	2682	1879	1609
304~310	2738	1917	1644
310~316	2794	1955	1679
316~322	2850	1993	1711
322~328	2908	2035	1741
328~334	2962	2072	1777
334~340	3015	2111	1809
340~346	3070	2151	1842
346~352	3126	2188	1876
352~358	3183	2228	1909
358~364	3239	2266	1940
364~370	3295	2305	1974
370~376	3344	2343	2010
376~382	3403	2409	2043
382~388	3459	2422	2075
388~394 及以上	3515	2462	2108

特例1:如船舶由非引航承包商雇用的引航员提供引航服务,按以上收费标准的3/4收取引航费用。

特例2:如船舶因恶劣天气或不可抗力而入港停靠,且在该紧急状况结束后迅速离开港口,则不得收取港内移泊费。

(2)由引航承包商提供的引航服务收费,应根据条目205和条目220规定的条款进行计算。该引航费中不包含由于引航员或引航承包商及其雇员的工作疏忽,对船舶、船东、船代、租船人、承运人的损失所提供的保险。船东、船代、租船人或承运人可通过合理途径告知请求,由引航承包商提供并根据每次航程计算海运保险,最高赔付金额为250万美元,保险费用根据上述引航服务计算。

以上保险将在船舶财产损失或船舶受损的情况下,以及由于引航员、引航承包商或其雇员的操作疏忽导致法律责任或相关损失的情况下,保障船东、船代、租船人或承运人的利益。

如引航承包商提出书面申请,可向其提供一份海运保险政策文件副本。

(3)如在预订的引航服务前不足1小时取消服务,应收取465美元。

(4)如引航员等待作业时间超过1小时,应在本小节所规定的费率基础上,额外收取465美元/小时(不足1小时以1小时计算)。

(5)如需进行设施修理、维护和人员培训,每次额外收取116美元。

(6)每艘船舶应收取吃水附加费:

①小于30英尺[1]的船舶,每英尺吃水收取2美元附加费;

②大于30英尺的船舶,每英尺吃水收取8.40美元附加费。

注:引航费最低收费标准为498美元。

2018年的《美国五大湖水域的引航服务》报告中提到,近年来,美国五大湖水域的引航费用大幅增加。一项独立研究发现,2015年至2016年,引航成本增加了高达91%。引航成本上升,约占典型五大湖船舶航行的10%,对五大湖和圣劳伦斯航道的整体成本竞争力产生负面影响,这些业务依赖于这一关键运输系统,进而影响该区域经济的竞争力。

美国五大湖的引航是受管制的垄断。美国海岸警卫队根据《大湖引航条例》(46 CFR第40-404部分)指导下的复杂年度审查程序对费率制定进行管理。这些法规定义了费率制定的目标:美国五大湖的引航是受管制的垄断,"……促进安全、高效和可靠的引航,通过为每个引航协会创造足够的收入来保证其必要和合理的运营费用,公平地提供给每个训练有素的引航员,并提供适当的利润用于提升管理"(46《联邦法规》第404.1(a)部分)。

5.引航业的特殊性

在美国,每个州都将其颁发的引航执照的数量限制在维持安全和高效引航服务所需的数量。引航员之间没有竞争。每个港口或水路区域由一个引航员委员会或一个规定的体系提供服务。从美国的引航系统认识到,没有竞争性的引航是安全和效率的重要原因。在美国,强制引航被认为是航行安全规定。尽管引航员(洛杉矶港引航员除外)不是政府或港口的雇员,但该引航员从事公共服务,在公共服务中,该引航员应通过防止船舶从事不安全的作业来保护其

---

[1] 1英尺≈0.3048米。

所经营的水域。这就意味着引航员应该有独立的职业判断,如果他们进行商业竞争的话,很难做到这一点。此外,强制引航是在非歧视的基础上提供的。引航员必须随时待命,并对所有船舶保持平等对待。国家综合监管体系力求确保每艘需要引航员的船舶都能及时获得训练有素、称职、休息良好的引航员。为了履行这些职责,引航员协会需要维持训练计划、引航艇、调度服务以及现代、高效和安全引航操作所需的所有其他类型的设备和支持系统。

二、加拿大引航发展模式

1. 引航机构的设置和管理

加拿大将全国的强制引航水域按地理位置划分为四个区域,分别由大西洋引航局、劳伦引航局、五大湖引航局和太平洋引航局管辖。引航局是政府机构,不受地区政府的管辖,直接对运输部长和议会负责,其官员和职工为国家公务员。

引航局的最高领导层由一个主席和不超过 6 个成员组成。除了主席外,引航局的每个成员由交通部长任命,但须征得议会同意,任期不超过 3 年。引航局的主席由交通部长提名,并征求成员的意见,由议会任命。副主席在 6 个成员中产生,由议会任命。主席和副主席可以是全职的,也可以是兼职的。当引航局主席是兼职时,还需要指定一人为首席执行官,领导和管理引航局的事务。引航局的主席及其成员的工资和津贴由议会确定并支付。

为了保证安全、高效的引航服务,引航局需要购买、租用或通过其他方式获得土地、建筑物、码头。引航艇、雷达和其他通信设备以及其他为提供高效、经济的引航服务所必需的设施、供给品等。

引航局的职能:

(1)制定引航管理规则。这包括强制引航区的划分、强制引航的船舶等级、免除引航的条件、船舶预计抵港和离港时间的通知方式、引航员的等级、申请引航员考试的资质要求、引航员考试的时间和费用、引航证书的签发方式、引航员人数限制和引航员培训等。

(2)签发、扣押和吊销引航员执照。

(3)与引航公司(法人团体)协商服务合同条款。

(4)制定引航费率。

2. 引航员的组织形式

在引航局辖区或部分辖区的引航员组成引航公司,这是一种合伙性质的法人团体,引航员之间没有雇佣关系,按自愿原则自行管理。加拿大的引航属于国家事权,引航公司不能直接为船舶提供引航服务,需要与该地区的引航局签订服务合同,引航公司为引航局提供引航员的引航服务,并得到一定的报酬。该地区的引航服务合同一旦生效,引航局就不能再与其他的引航员签订合同。可见,同一引航区域内只能有一家引航公司提供服务,不存在竞争。法律规定,引航公司应允许合格的引航员或实习引航员加入,并与公司的原成员享有同样的服务合同条款。

引航服务合同具有一定的期限,便于合同双方根据变化的情况更新合同条款。在合同到期前的 50 天,如果双方不能就新的合同条款协商一致,则共同指定一个仲裁员或者由运输部长选择一个仲裁员来解决争端。一旦新合同生效,该公司的引航员就不能再拒绝为引航局提供引航服务。

3. 引航费率的制定

引航费率由各引航局制定，但必须征得议会的同意。引航费包括如下项目：

(1)取消引航申请的费用；

(2)将引航员运送到超出引航服务区域的船上费用；

(3)引航员在船上的滞留费；

(4)发生在引航员身上与执行引航任务直接相关的交通费和其他费用；

(5)引航艇的使用费；

(6)通信设备的使用费；

(7)引航员的服务费。

引航局制定的费率应固定在公平合理的水平上，同时使引航局在自收自支的财务体系基础上维持运转。引航局制定的每一项费率都要在加拿大的政府公报上公布，只要有人认为公布的费率有损于公众利益，都可以致函加拿大运输机构(Canadian Transportation Agency)提出反对意见，由该机构采取措施调查，包括召开公共听证会，最后提出建议的引航费率，由议会决定是否采纳。如果建议的引航费率被采纳并低于引航局提出的费率，引航局有义务返还多收取的引航费。

三、德国引航发展模式

德国引航机构称为“德国引航员兄弟会”，根据港口所在位置和河流而设置，其中汉堡港引航员兄弟会和不来梅港引航员兄弟会分别属于汉堡市和不来梅市管辖，其他港引航员兄弟会属于德国联邦政府管辖，每个兄弟会推选一名资深引航员与联邦政府官员和一名主席组成联邦引航协会。联邦引航协会传达有关法律、规章、条令，并向联邦政府上报引航员兄弟会对通航环境和码头水道改造规划的建议及自身工作条件的要求。

德国引航员兄弟会属于公共事业机构。引航员在1981年以前是公务员，因为引航员的引航工作时间与政府办公公务员的工作时间有冲突，所以1981年以后，引航员被定为自由职业者。

德国的船舶引航以联邦法律和直辖市条例为依据。汉堡直辖市和不来梅直辖市各自有自己的船舶引航条例。联邦议会和直辖市政府会议判定和修改海港引航法律，联邦政府和直辖市政府制定各自管辖的港口引航区域和引航费率。例如，汉堡港引航员兄弟会的具体引航办法的制定和修改，需汉堡直辖市(州级行政单位)政府的经济部长批准。汉堡港引航费率由汉堡市政府制定，引航费由市政府代汉堡港引航员兄弟会收取。但汉堡港引航员兄弟会独立于汉堡港务当局，其业务受汉堡市政府的监督。

四、法国引航发展模式

法国的引航服务是一种公共服务，全国有引航站29个，共有引航员346人和行政管理人员111人，其中海上引航员279人。引航站除了拥有办公室、雷达、汽车等岸上设施外，还有111艘引航快艇和3架直升机。

法国的引航站是遵照1928年颁布的法令执行，当时引航站的工作直接受中央政府的管理。1982年,法国进行了行政事务的分权改革。运输部对引航站的管理权限下放到地方官员,由各地的海事局长监管辖区内的引航事务。中央运输部负责制定适用于所有引航站的引航通则,地方主管官员遵照引航通则制定适合本地引航站的规则。各州必须确保船舶在引航水域内的航行安全并在其控制之下。为协助地方政府制定合理的引航规则,法国在地方设有引航委员会。引航委员会是一个海运和安全航行方面的专家组,由地方海事局长、港务局局长和海事局部门主管指定的引航员组成,为地方主管机关制定引航管理规则提供咨询意见。

1. 引航机构的设置和管理

在法国,为船舶提供引航服务的机构是各港口的引航站。法国法律规定,私人引航员不能从事引航服务,必须加入指定的引航站才能为船舶引航,否则要承担刑事责任。引航服务实际上是由引航站垄断的公共服务行业。与其他国家不同的是,法国的引航设施属于引航站私有。引航站是引航员集体组织在一起的自由职业联盟,与引航员没有雇佣关系。引航员之间完全平等,共同拥有引航站的固定资产,享有财政自治性。新的引航员加入引航站后,需要提供一定数额的保证金作为引航站固定资产的分摊,当他退休后,引航站再将保证金退还给他。引航站虽然是私人机构,但是却提供公共服务。因此,它与一般的私人企业不同,具有特殊的法律地位。例如,引航员虽然共同拥有引航站的资产,但是却没有处分权,这就保证了引航设施只能用于提供引航服务而不被挪作他用。

地方主管机关任命一名引航员作为引航站的站长,监督引航服务。引航站站长没有强制约束力,但他代表地方海事局长就引航服务的问题,在引航大会上听取引航员的建议后,做出决策。引航员必须向站长报告在引航过程中发生的事故、技术问题、浮标的变化以及所有与交通流控制及航行安全相关的问题。引航站长对引航员的报告进行确认后再提交相关主管部门。

2. 引航费的制定

在每年年末,地方政府要重新制定来年的引航费率,并于次年1月1日实施。每年10月,引航站向地方海事主管机关递交第二年的财政预算和投资计划,并提出建议的新费率。在每个财务结算时期,交通部制定引航资产的分期摊销比率,使引航站能在一定时期内收回投资。引航站的财务预算包括引航员报酬在内的所有运营成本。然后,根据来年交通量的预测,引航站提出修改后费率以平衡财务预算,引航站建议的费率需要提交商业立法机构和价格主管机关征求意见后,通过地方主管官员的调查,再由地方政府决定引航费率的制定。

在引航站自行管理引航设施的体制下,引航站的营运成本由引航员自己控制,在引航费率一定的情况下,引航员的收入水平与引航站的管理水平和交通量的大小有关。这迫使引航站在保证引航服务质量的同时,不得不设法提高管理水平,降低营运成本。

五、荷兰引航管理模式分析

1. 引航管理体制

1860年,荷兰《引航法》开始生效,所有地方法规都被废除。有些城市,如鹿特丹和希丹,选择了自己港口的引航员停泊和靠(离)港,其他地区的引航员成为国家公务员。这种情况一直持续到 1988 年。1980 年,国家引航员从国防部转到交通部。根据荷兰 1988 年《引航法》的规定,荷兰海上引航员协会负责监督这一行业,有四个地区性引航区。每一位引航员都是全国引航委员会的成员,也是他们自己特定地区协会的成员。

受 20 世纪 80 年代私有化的影响,引航员决定组建自己的独立公司,称为引航(Loodswezen)或荷兰 Loodswezen,这是该国唯一的引航员服务提供商。这也意味着海上引航员(为州服务)和内河引航员(为鹿特丹市服务)必须合并为一家公司。在鹿特丹地区,对这项私有化的投票是一个非常微妙的决定,只有 51% 的引航员赞成,于是交易完成了。

国际引航员组织标准是一个针对注册引航员及其附属机构的综合安全管理系统。在这一系统中,程序得到了明确的界定和监测。

2. 引航员资质及准入要求

荷兰引航员的教育和培训需要经历 4 个过程。

1)初等教育

此过程包括 4 个阶段,要进行船舶交通服务(Vessel Traffic Service,VTS)站、船舶、拖轮的理论课和实习,使用模拟器和训练船,提供个人安全培训,重点培训防止引航员梯子坠落、直升机水下逃生。

第 1 阶段为期 10 周,重点关注每个引航员需要了解的基础知识,包括国家和国际法律,法规和条例,通信程序,理论和实际操作(模拟器和训练船),浮标系统,潮汐,海洋资源管理,等等。本阶段最后进行理论和实践检验。

第 2 阶段为期 11 ~ 12 个月,重点是熟悉将要服务区域的情况:观察经验丰富的引航员,熟悉与悉尼威立雅运输公司、拖轮、船员和其他各方的沟通。此外,还有该区域的地形、船舶装卸的理论模块。该阶段以 8 ~ 10 次行程的测试结束,从而得出一份关于学员的报告。

第 3 阶段,受训人员将有可能在经验丰富的引航员的指导下进行引航和船舶装卸,但须经船长许可,并视船舶类型、天气、交通和指导引航员的经验而定。周期为 8 ~ 10 次,得出报告。受训者将从一个研究和开发项目开始,同时要继续理论培训。本阶段结束时,将进行 8 次实际检查,并对第 2 阶段和第 3 阶段以及管理评审会议(Management Review Meeting,MRM)的各个方面进行理论检查。

第 4 阶段,原则上,受训人员将在所有行程中扮演与引航员类似的角色,而引航员则进行观察和指导。在第 4 阶段结束时,将进行一次实践考试,包括 8 次行程和一次理论考试。接着,学员将完成大约 200 多次的行程,并开始准备期末考试,包括 10 次行程的实践部分和涵盖所有将要服务区域的理论部分。

2)委派

荷兰引航员的初始教育已获得荷兰和佛兰德斯认证组织(NAO)的认证。成功的候选人将获得海事引航硕士学位(MMP,应用科学大学)。

3)获得经验和专业培训

一旦受训者成为一名引航员,就有一套严格的、循序渐进的制度,即获得经验后,受训者有权驾驶大型船舶。根据港口和交通的特点,该系统针对每个港口、区域进行定制。通常需要7~8年的时间才能被授权对所有尺寸的船舶进行引航。在此过程中,引航员将在适当的时刻接受额外的理论和模拟器培训课程,同时考虑到引航员将获得授权船舶的大小和类型。这些培训的一部分是更新 MRM 运行和专门高精度导航设备(CM 精度)的培训,这些设备是特殊航行(如深吃水)所必需的。

有连续的训练,如自愿性年度模拟训练和深吃水引航员的年度训练。每年的引航会议,讨论港口的所有运营问题,包括事故报告。建立一种鼓励非正式交流经验的氛围。

4)附加培训

对于多个港口,在恶劣天气或其他特殊情况下,当船舶到达较隐蔽的位置时,引航员可以登上较小的船舶,该船将获得岸上的一名引航员的建议,他在 VTS 中心使用一个专用雷达位置,这些岸上引航员将在模拟器和工作台接受特殊培训,考试由 VTS 管理局监督。SBP 引航员获得3年一次的复读课程,并通过考试结束。

3. 引航费率定价及监管模式

1988年开始,引航员工作报酬取决于活动次数,活动率是根据引航标准次数、每名引航员工作时间、每名引航员标准收入等计算的。每年这些费率会随着价格的上涨而调整。引航收费由荷兰经济部下属的消费和市场管理局(ACM)管理,ACM 代表部长根据引航员在每年年底提出的收费建议制定引航收费标准。

六、比利时引航发展模式

比利时中央政府负责对全国的引航机构进行集中管理,比利时国会制定引航管理方面的法规。比利时的引航分为外海及河流的引航与港口的引航两种。由地区政府授权唯一的引航服务机构提供外海或内河的引航服务,从事这种引航服务的引航员为国家公务员,由政府直接管辖。从事港内引航的引航员须持有"码头引航证书"(dock pilot certificate),由港务局管辖,负责港内船舶的进出港(闸)及港池内船舶的移泊服务。

中央政府负责划分引航区域,规定需要强制引航的船舶及其免除条件。外海和内河引航费率的制定、调整、征收及管理也是由中央政府负责的,但是港口引航费率由港务局根据不同区域来制定、调整和收取。引航费由普通引航费、岸上引航费和交通管制费构成。所谓"岸上引航"(Shore-based pilotage)是指由引航员在岸上或另一船上借助雷达和通信设备向被引领船舶提供信息和指令。普通引航费根据船舶吃水和引航距离按照不同的费率计收。

关于引航员的管理,无论外海、内河海事港口引航,其资格考试的组织、证书的签发、吊销和有效期的制定都是由中央政府负责的。

七、英国引航发展模式

1. 引航管理体制

英国的引航由英国引航协会(UK MPA)负责管理,UK MPA 是由乔治·考利指挥官于

1884 年在布里斯托尔建立的。与大多数其他行业利益相关者不同,UK MPA 的工作完全由引航员完成。协会成员选举执行委员会,执行委员会由 9 名引航员、1 名主席、副主席、秘书长和 6 名区域代表组成。执行委员会负责 UK MPA 的日常运作。执行委员会成员在不同论坛定期与行业利益相关者会面,充分了解和考虑发挥引航员的专业优势,确保英国港口的安全和高效运营。

2. 引航机构的设置和管理

英国的引航工作分为两种:一种是河流引航,一种是深海引航。河流引航是英国政府控制比较严格的领域。以前,领航公会(Trinity House)曾经作为唯一的政府机构,统一负责全国范围内引航系统和相关领域的管理职能,但现在其权限已经全部下放到各个港口管理部门。各港口的引航管理部门称为 Competent Harbour Authorities (CHAs),它不仅负责港口引航管理工作,还负责其他涉及港口安全方面的事务。全国有超过 100 家这样的管理机构,各主要港口基本都有自己的 CHA,但彼此间没有隶属关系。

英国引航区域的划分主要根据港口范围来确定,整个英国的引航基本上属于河流引航。

至于深海引航则完全是另外一种情况。广泛的国际竞争被引入该领域。一些大公司雇用专业引航员,在深海和北海海域为船舶提供引航服务。欧洲其他国家的公司也可以参与到竞争当中。

3. 引航员的管理

引航员资格考试的管理部门是各港口的 CHA,英国 1987 年的《引航法》规定了全国统一的引航员资格标准,各港口的资格考试必须遵守相关标准。而深海引航船员资格考试由 Trinity House 负责。

英国的引航员首先必须是一名船长,而且必须通过港口管理部门严格的考试。引航员分为三个等级,第三级为最低,第一级为最高。第三级引航员只能在小河流中引导小型船舶,而第一级引航员可以在任何河流水域中引导各种规模的船只。英国主要港口一般要求为其服务的引航员具备一级资质。

另外,在有些港口,引航员可以受雇于自己而独立工作。他们不隶属于哪家公司,而在需要时直接为港口管理部门提供服务。引航员的收入待遇都是由各港口管理部门自行确定。

4. 引航费的管理

各港口的引航费都是由 CHA 自行确定,并根据通货膨胀等有关经济条件的变化而适时作相应的调整。但政府要求所有的港口都必须为引航费设置专门的账户。

根据英国 1987 年的《引航法》第一部分中关于引航收费的规定,任何海港管理局可就其所提供的引港服务收取合理费用。收费包括:

(1)主管当局授权的引航员的服务费用;

(2)引港员为提供引航服务任何合理开支而收取的费用;

(3)在船舶的预计到达或离开时间未按主管当局的要求通知或船舶未在通知的时间到达或离开的情况下应支付的罚款;

(4)为该地区提供、保养及操作引航艇的费用;

(5)提供和维持管理局提供的引航组织所涉及的任何其他费用的收费。

根据英国的法律,虽然港口引航部门可以就每艘船舶引航所需的拖轮数量向船长提出建议,但船长拥有最终决定的权力。

八、南非引航发展模式

南非沿海分7个地区,共有7个港口。南非的引航机构由政府设立一个部门直接管理,但引航管理的大部分权限下放到全国7个海区,由所在地的地区主管部门行使管理职能,包括制定引航规则和相关规定,组织引航员考试和发证,制定引航费率等工作。

引航机构的经费来源于引航收费和财政拨款。引航收费无须上交国库和交纳税收,属引航机构所有。政府对引航收费的使用没有强制性规定。引航机构的经费收支不能有盈余,只能保持收支平衡。如果引航收费不足以维持引航机构的运行,引航机构可向政府提出提高引航收费标准的申请,经政府批准后可执行新费率标准。此外,还可以通过政府拨款的方式予以扶持。

在南非,地方政府可根据本地的经济和港口发展情况制定合适的引航政策和管理办法,这种引航管理体制有利于地方政府在引航管理中充分考虑地方不同利益集团的利益,但也会致使各地引航管理主体不一,不利于中央政府的监管。

九、埃及引航发展模式

苏伊士运河是欧亚航运的主要国际大通道,具有极其重要的战略地位和经济价值。为此,埃及政府专门设立了直接隶属于政府的苏伊士运河管理局。该管理局负责制定运河引航管理的相关规定,并对整个运河的引航作业实施全面监控。

苏伊士运河管理局对引航员的管理十分严格,只有取得商业海运学院的毕业文凭并获得军事海运学院的初级、高级海军军官证后方能成为一名运河新引航员。该局设有专门负责培训的机构,引航员必须接受新的政策和知识培训。

苏伊士运河管理局与国际上大的船公司建立有定期联系制度,并设有一个研究收费的专家局。每年,管理局根据船公司反映的意见和国际经济的变化、国际主要货币汇率的变动对过运河的收费进行调整。该局征收的过河费、引航费直接上交国家财政,管理局运行所需的经费全部纳入国家经费预算,由财政部直接下拨。

十、土耳其引航发展模式

在土耳其,船舶引航是开放、竞争的。在其沿海港口,设有国家和私营两种不同性质的引航机构。除了个别港口(如伊斯坦布尔)外,船公司可根据自己的需要选择引航机构。

相应地,土耳其既有国家公务员性质的引航员,也有私人性质的引航员。由这些引航员自发组成的土耳其引航员协会是政府制定引航管理政策的咨询主体。土耳其有严格的引航员准入制度,要成为一名引航员,必须是航海院校大学毕业,取得远洋船长证书,并参加引航作业培训,考试合格。

引航收费标准由政府根据船舶吨位大小制定。引航收费无须向国家纳税,全额用于引航机构的自身发展,具体支出需符合政府的相关规定并接受政府的监督。

十一、日本引航发展模式

1)引航管理体制

(1)引航机构的设置和管理。

日本引航的主管机构为国土交通省。根据《日本引水法》的规定,引航工作的监督管理权限大都集中在国土交通省手中,但实际上,国土交通省将一部分管理工作委托给地方运输局去做。国土交通省在执行某些决议前,还需要征求交通政策审议会的意见。交通政策审议会的成员由学者专家、资深引航员、航运业和港口专家组成。审议会没有实际权力,只是就引航有关的业务向国土交通省提供咨询意见。

1930 年日本引航协会(Japanese Pilots' Association,简称 JPA)成立,在其初期,JPA 仅仅是一个非官方组织。然而,随着海运规模的扩大以及引航服务所发挥的作用日益重要,并且鉴于其高度公开性,该组织最终于 1964 年 5 月以法人实体的形式成立。2007 年 4 月,日本联合引航协会(Japan Federation of Pilots' Associations,简称 JFPA)成立,取代 JPA,继承了 JPA 的主要业务和活动,还设立了总会、董事会和特别委员会。JFPA 组织结构如附图 1 所示。

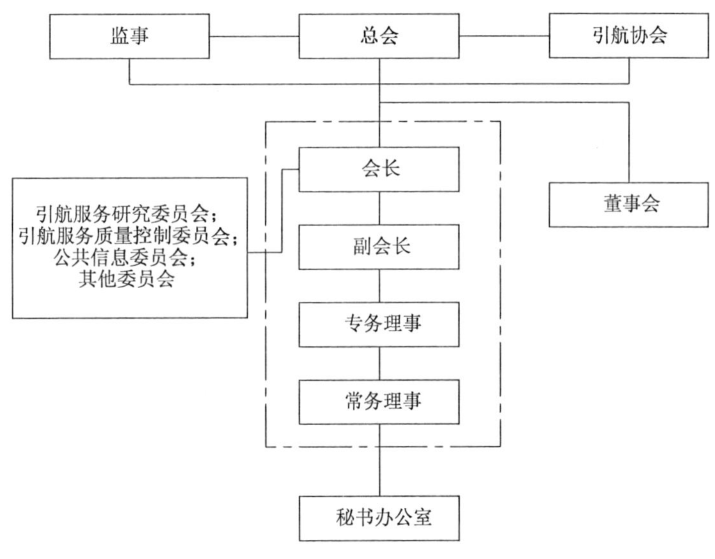

附图 1　JFPA 组织结构

①总会。

JFPA 决策的最高机构是每年举行的总会,总会的法定人数包括大多数引航协会的代表性引航员。在总会上,JFPA 上一财年的活动报告和来年的计划、财务报告和计划以及其他重要事项都要进行决策讨论。

②董事会。

董事会是协会政治事务的决策机构,每年召开数次会议。董事会由总裁、副总裁、董事总经理、执行董事、审计师和董事组成,他们是从全国所有领航地区的引航员中选出的。董事会不仅根据总会决定的政策发布执行引航服务的必要命令,而且就不需要在总会中投票的事项作出各种决定。

③特别委员会。

特别委员会如：

——引航服务研究委员会：负责引航法规的解释及规章制度修订、废除的各种可行性研究。

——引航服务质量控制委员会：负责研究引航员面临的船舶航行安全、引航员培训、引航员安全登（离）船和事故预防等各种技术问题。

——引航服务新闻委员会：专门负责编辑和发布包括JFPA网站的各种公共信息、出版内部月报对引航系统和服务进行宣传。

④引航员协会。

国土交通省将日本全国的水域划分为44个引水区，每一个区都设有一个引航员协会，但引航员协会的规模各不相同，最大的东京湾引航员协会大约有180名引航员，而最小的引航员协会只有一名引航员。引航员协会是一个自律性的法人团体，每一个引航员协会都有自己的章程，包括协会名称、办公室所在地、入会和退会的规定、引航员值勤轮班制度、会议召开的规定等。协会的章程必须得到国土交通省的认可。设立引航员协会的目的是便于引航业务的开展，其职责如下：

——执行引航服务并收取涵盖所提供服务的引航费。

——管理和运营引航办公室。

——培训引航员。

——为引航员提供指导。

——提供会员间的联络服务。

《日本引水法》规定，每一个领取了引航员执照的引航员必须加入该地区的引航员协会才能从事引航服务，而且引航员必须遵守所属引航员协会的章程。日本的引航员属于自由职业者。各引水区引航员的最少名额由国土交通省决定。

（2）强制引航制度。

《日本引水法》规定，在规定的引水区域和港内航行时，必须有引航员乘船引航。

①在横须贺、佐世保和那霸引航区，仅对300总吨及以上的外国籍船舶和日本籍国际航行船舶、1000总吨及以上的日本籍国内航行船舶实施强制引航；

②在横滨—川崎引航区，只对3000总吨及以上的船舶和载有危险品的船舶实施强制引航；

③在东京湾、伊势三河湾、大阪湾、来岛海峡和关门通道等水域，仅对10000总吨及以上的船舶实施强制引航。

如果船舶的总吨位小于上述吨位，船长想在强制引航区不申请引航员而由其自己操纵船舶进出港，则应具备在该引航区相应吨位的船舶4次以上的航行经历。

但是，海上保安的船舶、海难救助船、军舰和航行日本水域的定期船舶不在此限制范围内。

2）日本引航员的管理

（1）引航员资质要求。

《日本引航法》对引航员资质要求如下：

①三级引航员必须是1000总吨及以上远洋船的船长，并且实际资历不少于1年，还要完成30个月的学校培训课程；

②二级引航员必须是3000总吨及以上的远洋船的船长或大副，实际资历不少于2年，还要完成总时间为18个月的学校培训课程；

③一级引航员必须是3000总吨及以上的远洋船船长，并且有不少于2年的船长资历，还得完成总时间为9个月的培训课程。

(2)引航员考试。

引航员必须通过由国土交通省组织的由体检、笔试及口试组成的引航员考试。

考试分为两次，第一次考试由国土交通省组织，申请人第一次考试通过后成为实习引航员，在引水区实习3个月以上才允许参加由地方运输局组织的第二次考试，考试通过后，由国土交通省颁发引航员执照，有效期为5年。引航员在执照到期申请更新时，在一定条件下还需要再次参加考试。

3)引航费的管理

引航费必须以船舶的总吨和吃水为标准，每一个引水区的引水费必须由国土交通省决定。国土交通省根据需要对引航费进行调整。一般情况下，引航员协会提出调整的要求后，由国土交通省依照审议委员会的意见调整费率。

引航费大部分为引航员的报酬，日本引航员的收入约为远洋船长的1.7倍。

日本每个引航区的费收标准由政府相关部门制定并公布，不同的引航区标准不同，以千叶港和浦贺航道为例，详见附表2、附表3。引航费用包括基本费用和附加费用，基本费用适用于1000总吨及以下、满载吃水3m及以下的船舶，附加费用适用于更大的船舶。

千叶港引航费标准　　附表2

费率	基本费率(日元)	附加费率(日元)
a)在港界线以外		
1万总吨及以上	10472	394
1万总吨以下	10472	394
b)驶入或驶离千叶港		
一般区域-除第4区以外(Section 4 Area)		
1万总吨及以上	39588	1261
1万总吨以下	31915	1261
第4区内		
1万总吨及以上	35966	1127
1万总吨以下	28293	1127
c)从港界线以外驶入或驶离千叶港 a)+b)		
一般区域-除第4区以外		
1万总吨及以上	50060	1655
1万总吨以下	42387	1655

续上表

费率	基本费率(日元)	附加费率(日元)
第4区内		
1万总吨及以上	46438	1521
1万总吨以下	38765	1521
d)在千叶港内移泊		
1万总吨及以上	34204	1060
1万总吨以下	26531	1060
e)在船桥港(Funabashi)内移泊 a)+d)		
1万总吨及以上	44676	1454
1万总吨以下	37003	1454

对于附表2,需特别说明的是:

a)基本费率适用于1000总吨以下、最大吃水深度为3米及以下的船舶。

b)附加费率是在1000总吨之上,每增加1000总吨(不足1000总吨以1000总吨计算)、最大吃水深度增加0.3米(不足0.3米以0.3米计算)的收费标准。

$$\text{引航费}=\text{基本费用}+\text{附加费率}\times\left(\frac{\text{船舶总吨}-1000}{1000}+\frac{\text{最大吃水深度}-3}{0.3}\right)$$

c)如需两名引航员同时引航作业(船舶入港,重量超过7万总吨),每名引航员应按附表2的标准获得75%的费用。如该船仅有单侧舵手室,则按上表标准收费,不收取附加费用。

d)如需预约引航服务,应提前24小时向引航站提出请求。

(1)附加服务收费。

a)主发动机或舵机无动力驱动的船舶。

如被引航船舶无动力驱动和(或)动力转向,应在正常引航费率之上加收80%的附加费用。

b)加班服务费。

如需加班提供引航服务,应在正常引航费率之上加收50%附加费用。加班时间是指日落之后、日出之前的时间段。

c)试航、罗盘校正和无线电测向仪校准。

如需在试航过程中提供引航服务,对船舶罗盘校正和无线电测向仪校准,应按照入港费率收取引航费。如引航时间超过两小时,每超过1小时(不足1小时以1小时计算),加收50%费用。

(2)取消作业费。

如发生以下任何一种情况,则应收取21600日元的取消作业费:

a)在引航员已根据所预约的服务被派遣作业后取消预约的情况。

b)在引航员根据船东或船代的引航请求登船后,船长无理由拒绝其引航的情况。

c)如预约的引航时间在24点至次日早6点之间,在前一晚23点以后取消预约的情况。

注：在以上情况下，如引航员从引航站被派遣作业的时间在17点至次日早8点之间，则应另行收取50%的取消作业费。

(3)等候费。

在引航员已抵达被引航船舶或引航船已被派遣并等候作业的情况下，如超过原定引航时间30分钟以上仍未开始作业，则应每超过30分钟(不足30分钟以30分钟计算)收取5400日元的等候费。

(4)交通费。

如需引航员在横滨港以外区域引航作业，应报销交通费、住宿费和引航船进出港费。如因船舶延误导致引航员迟于预定时间作业，则应在基础费率上额外支付引航员10800日元/小时(不足1小时以1小时计算)的费用。

(5)多层甲板船。

对于多层甲板船须进行特殊引航，根据以下公式计算费用：

特殊引航费 = K × 附加费率

$$K = \frac{\frac{3.5 \times L^3}{1000} - \frac{G}{T} \times 1.2}{1000}$$

式中：K——附加引航费率常数(如该值为负数，则计为0)；

L——船舶长度(米)；

G/T——船舶总吨(如在1000总吨以下，均计为1000总吨)。

浦贺航道(Uraga Channel)引航费标准(自2008年4月1日起生效)　　附表3

费　　率	基本费率(日元)	附加费率(日元)
a)从航道口至东京湾和邻近千叶港港界线范围内引航		
1万总吨及以上	90633	2065
1万总吨以下	52183	2065
b)在邻近川崎港、横滨港和千叶港港界线范围内引航		
1万总吨及以上	63681	1050
1万总吨以下	25231	1050
c)在邻近东京湾、京滨港和千叶港港界线范围内引航		
1万总吨及以上	48751	490
1万总吨以下	10301	490
d)在邻近千叶港港界线和木更津港港界线范围内引航		
1万总吨及以上	64650	1085
1万总吨以下	26200	1085

附加如下引航服务：试航引航作业，提供罗盘校正、测向仪偏差校准或其他类似服务。

①港内引航。

如引航时间少于两小时，引航费率参照在千叶港内的移泊引航费率计算。

如引航时间超过两小时,引航费率除参照千叶港内的移泊引航费率计算外,每超过 1 小时(不足 1 小时以 1 小时计算),应加收 50% 费用。

②在港内和港区外引航或仅在港区外引航。

如引航时间少于两小时,引航费率参照驶入或驶离千叶港引航费率计算。

如引航时间超过两小时,引航费率除参照驶入或驶离千叶港引航费率计算外,每超过 1 小时(不足 1 小时以 1 小时计算),应参照千叶港内的移泊引航费率加收 50% 费用。

在入港、离港引航作业时,如上下船地点与引航员通常上下船地点距离过远,则引航费率除参照驶入或驶离千叶港引航费率计算外,还应加收不超过 50% 的远距离引航附加费,附加收费应与船东或船长协商一致。

需要特别说明的是:

(1)以上基本费率适用于机械驱动、1000 总吨以下、最大吃水深度 3 米以下的船舶。引航费用应为基本费用与附加费用之和,在 1000 总吨以上,每增加 1000 总吨(不足 1000 总吨以 1000 总吨计算)、最大吃水深度增加 0.3 米(不足 0.3 米以 0.3 米计算)的收费标准。

$$\text{引航费} = \text{基本费用} + \text{附加费率} \times \left(\frac{\text{船舶总吨} - 1000}{1000} + \frac{\text{最大吃水深度}}{0.3}\right)$$

(2)如需两名引航员同时引航作业,每名引航员应按上表标准获得 75% 的费用。

(3)加班服务费。

如需加班进行引航作业,应在正常引航费率之上加收 50% 附加费用。加班时间是指日落之后、日出之前的时间段。

(4)取消作业费。

如发生以下任何一种情况,则应收取 21600 日元的取消作业费:

①在引航员已根据所预约的服务被派遣作业后取消预约的情况。

②在引航员根据船东或船代的引航请求登船后,船长无理由拒绝其引航的情况。

③如预约的引航时间在 24 点至次日早 6 点之间,在前一晚 23 点以后取消预约的情况。

注:在以上情况下,如引航员从引航站被派遣作业的时间在 17 点至次日早 8 点之间,则应另行收取 50% 的取消作业费。

(5)等候费。

在引航员已抵达被引航船舶,或引航船已被派遣并等候作业的情况下,如超过原定引航时间 30 分钟以上仍未开始作业,则应每超过 30 分钟(不足 30 分钟以 30 分钟计算)收取 5400 日元的等候费。

(6)交通费。

不收费(自 2008 年 4 月 1 日起生效)。

(7)如引航员需在船上进行检疫隔离,应根据检疫隔离时间另行派遣额外的引航人员。

(8)对于未列举的其他情况,应由引航站与船东或船长协商引航服务收费。

(9)以上所提及的吃水深度(Draught)是指从引航服务开始到结束整个过程中的船舶最大吃水深度;船舶总吨以船舶的排水量吨位表示,计算为船舶排水量吨位的 3/5。

浦贺航道船舶按照如下原则收费:

(1)引航员上下船。

不收费(自2008年4月1日起生效)。

(2)千叶港湾区引航用交通船。

(引航员在千叶港锚地内上下船)

每次作业45000日元:30000日元/小时×1.5小时。

附加收费:加班费——周一至周六17点至次日早8点,加收50%;周日和节假日,加收50%。

注:如遇暴风雨天气,引航作业需使用拖轮,收费标准如下:

周一至周六工作时间:每次作业75000日元。

周一至周六晚间(17点至次日早8点)、周日、国家法定节假日、新年假期(12月31日至1月3日):每次作业112500日元。

(3)横滨港、川崎港、东京湾和木更津港的湾区引航用交通船。

基本费率如附表4所示(一次作业=基本费率×2小时)。

基本费率 附表4

<table>
<tr><td colspan="4">➢ 横滨港和川崎港,由横滨港港口服务公司规定(Port Service Corp., Yokohama)
(自2008年7月1日起生效)
(周日和节假日加收50%)</td></tr>
<tr><td>区域</td><td>白班
(8点至17点)</td><td>夜班
(17点至22点、6点至8点)</td><td>午夜班
(22点至6点)</td></tr>
<tr><td>防波堤外</td><td>22900日元</td><td>34400日元</td><td>45800日元</td></tr>
<tr><td colspan="4">➢ 东京港,由东京船舶服务有限公司规定(Tokyo Ship Service Co. Ltd.)
(自2008年7月1日起生效)
(周日和节假日加收50%)</td></tr>
<tr><td>区域</td><td>白班
(8点至17点)</td><td>夜班
(17点至22点、6点至8点)</td><td>午夜班
(22点至6点)</td></tr>
<tr><td>防波堤外</td><td>22950日元</td><td>34420日元</td><td>45330日元</td></tr>
<tr><td colspan="4">木更津港
(自2010年4月1日起生效)</td></tr>
<tr><td>一次作业</td><td colspan="3">66667日元</td></tr>
<tr><td rowspan="2">如遇暴风雨天气需使用拖轮</td><td colspan="3">每次作业85000日元</td></tr>
<tr><td colspan="3">晚间(17点至8点)、周日、国家法定节假日、新年假期(12月31日至1月3日):每次作业127500日元</td></tr>
</table>

需要特别说明的是:

①作业时间在1小时以内,不足1小时以1小时计算;如超过1小时,不足30分钟以30分钟计算,30分钟以上以1小时计算。

②如船舶遭遇恶劣天气,气象局发布大风或大浪预警,基本费率将上调50%。

③周日、节假日和新年假期(12月31日至1月3日)加收50%。

多层甲板船的收费原则为:

对于多层甲板船须进行特殊引航,根据以下公式计算费用:

特殊引航费 = $K\times$附加费率

$$K=\frac{\frac{3.5\times L^3}{1000}-\frac{G}{T}\times 1.2}{1000}$$

式中：K——附加引航费率常数(如该值为负数，则计为 0)；

L——船舶长度(米)；

G/T——船舶总吨(如在 1000 总吨以下，均计为 1000 总吨)。

引航费的计算可依照下列公式：

(1)指定的引航航线。

$$A+B[(GRT-1000)/1000+(D-3.00)/0.3]$$

式中：A——基本费用；

B——附加费用；

GRT——总吨位；

D——吃水(米)。

(2)未指定的引航航线。

$$(A'+B'[(GRT-1000)/1000+(D-3.00)/0.3]\times d$$

式中：A'——每海里的基本费用；

B'——每海里的附加费用；

d——引航距离(海里)。

目前不同的引航区基本费用 A、A' 和附加费用 B、B' 是不一样的，分别在下面的范围之内(日元)：

A：2619 ~ 302736；

A'：1760 ~ 2780；

B：180 ~ 11462；

B'：66 ~ 104。

(3)额外费用。

①无动力船舶，收取 80% 的额外费用。

②夜航船舶，加收 50% 的额外费用。

③船舶试航、罗经和无线电测向仪的校准，按船舶进口的标准进行收费，如果这种服务超过 2 小时，超过 2 小时后的每小时加收 50% 的额外费用。

④不管任何原因导致引航员的滞留，从引航服务的指定时间开始，每超过 30min 加收 5400 日元。

⑤北方引航区的冬季引航和双人引航等也制定额外费用的收费标准。

十二、韩国引航管理模式分析

1)引航管理体制

韩国的引航由韩国海事引航协会(Korea Maritime Pilots' Association，KMPA)负责。KMPA 成立于 1977 年，由韩国海洋事务与渔业部授权，管理韩国的引航事务的公司。海洋事务与渔业部将韩国的引航水域分为 12 个引航区。KMPA 在每个引航区都设有对应的办事处,组织架构详见附图 2。截至 2019 年 3 月,246 名执照引航员在 12 个引航区执行任务,每年处理 137000 次航运。

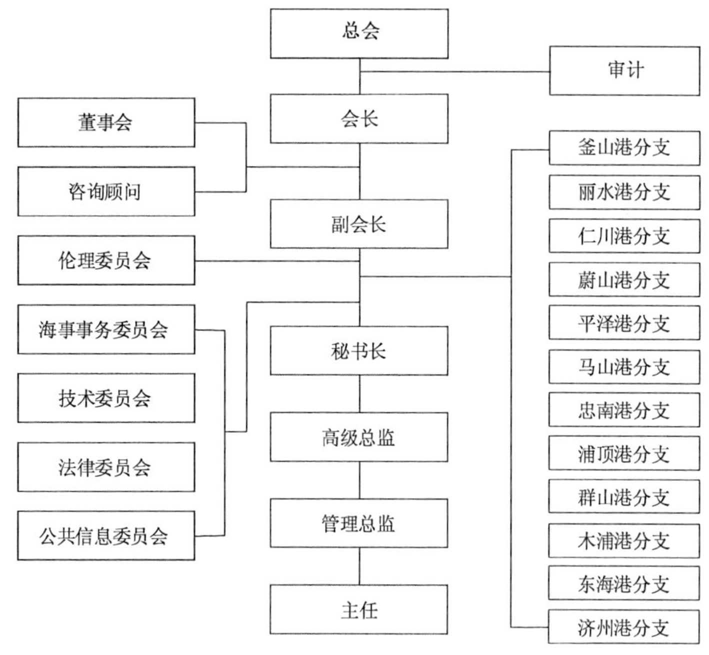

附图 2　韩国引航协会的组织架构

2)引航员资质及准入要求

为了成为一名引航员,船长的职业生涯需要超过 5 年。在指定的 4 年制正规教育机构“韩国海洋大学(风帆系列专业,如本科或海运版)”和“木浦国立海事大学(海洋运输系统的研究或国际海运科学版)”分别进行培训。引航员必须根据总统令的规定从海事和渔业部获得引航员执照。驾驶执照不是简单地通过获取特定领域以及其他专业职业的知识就能获得。为了参加引航员考试,需要从三级、二级、一级到下一级,拥有 5 年或更长的职业生涯。因此,这样的资格如同律师和注册会计师,都需要参加考试来获取执照。

十三、新加坡引航发展模式

1)引航机构的设置和管理

新加坡属于港口国家,对港口业务颇为重视,与港口安全密切相关的引航理应由中央政府直接管理。新加坡的引航主管机构是海事及港口管理局(Maritime and Port Authority,MPA),MPA 任命一个引航委员会,在制定引航政策和进行引航业务的相关决策时,需向引航委员会咨询。引航委员会由新加坡港长(主席)和不少于 4 名成员组成,其中至少 3 人需具备航海知识或经验,其职责为:

(1)代表 MPA 举行考试并发放许可证;

(2)对获授权引航员在执行职务时的行为进行调查;

(3)作出必要的安排,培训被选定从事引航服务的人员;

(4)调查MPA提交委员会的事项并提供咨询意见;

(5)履行《新加坡海事与港口管理法案》赋予委员会的其他职能。

引航员受雇于新加坡国际港务集团有限公司,隶属于新加坡国际港务集团有限公司下属的子公司。引航员日常的管理工作由港长负责。

2)新加坡强制引航制度

新加坡的所有水域分为A、B、C、D四个区,五个引航站。各个强制引航的船舶如下:

A区:总吨位300以上。

B区:总吨位5000以上。

C区:总吨位300以上或船长大于45米。

D区:总吨位300以上或船高于30米。

但是政府船舶或军舰不在上述限制范围内。

3)引航员的管理

新加坡对引航员的资质要求相对较低。新加坡公民必须是海事技术学院毕业且具有一等二副或一等大副的资格,才准许接受引航员训练。引航员培训由港务局负责组织。受训者在完成所有训练课程后,必须通过MPA组织的笔试和引航委员会组织的口试,才能获得相应等级的引航员执照。具有合格的海上资历和引航经验的人,包括非新加坡公民,无须参加引航员培训课程,只要通过考试就可加入新加坡的引航员队伍。

引航员的执照有效期为两年,引航员每次换领新证时需要通过身体检查和航海模拟器测验。

4)引航费的管理

新加坡的引航费用由MPA召集航运公司和新加坡国际港务集团等开会讨论决定,颁布引航收费的文件,引航收费主要以船舶的吨位,引航员的引航时间、拖轮的使用时间来确定最终的引航收费。

(1)引航服务费。

引航服务提供给所有类型的船舶(包括军舰在内),收费标准详见附表5。

新加坡港引航服务费率表(自2016年1月1日起生效)　　附表5

船舶总吨位	第1小时 (不足1小时以1小时计算)	每增加0.5小时 (不足0.5小时以0.5小时计算)
(1)普通船舶		
至少在确认的服务时间前4小时提出请求		
6000总吨以下	227新元	113.5新元
6000~1.2万总吨	251.5新元	125.75新元
1.2万~2万总吨	277新元	138.5新元
2万~3万总吨	315新元	157.5新元

续上表

船舶总吨位	第1小时 （不足1小时以1小时计算）	每增加0.5小时 （不足0.5小时以0.5小时计算）
3万~4万总吨	352.5新元	176.25新元
4万~5万总吨	390新元	195新元
5万~6万总吨	427.5新元	213.75新元
6万~7万总吨	465新元	232.5新元
7万~8万总吨	487新元	243.5新元
8万~9万总吨	509新元	254.5新元
9万~10万总吨	531新元	265.5新元
10万~11万总吨	553新元	276.5新元
11万~12万总吨	575新元	287.5新元
12万总吨以上	597新元	298.5新元
在确认的服务时间前不足4小时提出请求		
6000总吨以下	340.5新元	170.25新元
6000~1.2万总吨	377.25新元	188.62新元
1.2万~2万总吨	415.5新元	207.75新元
2万~3万总吨	472.5新元	236.25新元
3万~4万总吨	528.75新元	264.37新元
4万~5万总吨	585新元	292.5新元
5万~6万总吨	641.25新元	320.62新元
6万~7万总吨	697.5新元	348.75新元
7万~8万总吨	730.5新元	365.25新元
8万~9万总吨	763.5新元	381.75新元
9万~10万总吨	796.5新元	398.25新元
10万~11万总吨	829.5新元	414.75新元
11万~12万总吨	862.5新元	431.25新元
12万总吨以上	895.5新元	447.75新元
（2）特殊船舶和被拖船舶		
至少在确认的服务时间前4小时提出请求		
6000总吨以下	454新元	227新元
6000~1.2万总吨	503新元	251.5新元

续上表

船舶总吨位	第1小时 （不足1小时以1小时计算）	每增加0.5小时 （不足0.5小时以0.5小时计算）
1.2万~2万总吨	554新元	277新元
2万~3万总吨	630新元	315新元
3万~4万总吨	705新元	352.5新元
4万~5万总吨	780新元	390新元
5万~6万总吨	855新元	427.5新元
6万~7万总吨	930新元	465新元
7万~8万总吨	974新元	487新元
8万~9万总吨	1018新元	509新元
9万~10万总吨	1062新元	531新元
10万~11万总吨	1106新元	553新元
11万~12万总吨	1150新元	575新元
12万总吨以上	1194新元	597新元
在确认的服务时间前不足4小时提出请求		
6000总吨以下	567.5新元	283.75新元
6000~1.2万总吨	628.75新元	314.37新元
1.2万~2万总吨	692.5新元	346.25新元
2万~3万总吨	787.5新元	393.75新元
3万~4万总吨	881.25新元	440.62新元
4万~5万总吨	975新元	487.5新元
5万~6万总吨	1068.75新元	534.37新元
6万~7万总吨	1162.5新元	581.25新元
7万~8万总吨	1217.5新元	608.75新元
8万~9万总吨	1272.5新元	636.25新元
9万~10万总吨	1327.5新元	663.75新元
10万~11万总吨	1382.5新元	691.25新元
11万~12万总吨	1437.5新元	718.75新元
12万总吨以上	1492.5新元	746.25新元

特殊船舶和拖轮包括：

①潜水艇：特殊船舶。

②航空母舰：特殊船舶。

③执行特别任务的船舶：特殊船舶。

特别任务包括：

a. 船舶甲板上的货物存放或悬挂超出船身。

b. 船舶甲板上的货物超高。

c. 船舶损坏影响其适航性。

新加坡海事和港口管理局审核通过。

④石油钻井平台：仅在拖轮作业时。

⑤半潜式石油钻井平台：仅在拖轮作业时。

⑥半潜式驳船或船舶：仅在拖轮作业时。

⑦浮式生产储油轮（FPSO）：仅在拖轮作业时。

⑧钻井船：仅在拖轮作业时。

⑨被拖驳船或船舶：非自推进船舶。

对以上未列出的船舶类型，港务集团海事公司将服从于新加坡海事和港口管理局的相关规定。

专业引航服务费（Professional Pilotage Fees）计算应从引航服务开始到服务结束。专业引航服务费中不包括第2节涉及的"引航服务变更或取消费"。

需要提供紧急援助或特殊援助的船舶将不分船舶大小，按每小时1134.5新元收取服务费，不收取临时通知费。如紧急救援或特殊救援临时取消，将按照第2节"引航服务变更或取消费"标准收取相应费用。

(2)引航服务变更或取消费。

如果港务集团海事公司已接受预订，并因船长、船东或船代提出取消或修改预订请求，将在收取引航服务费的基础上，根据附表6另行收取变更或取消费。

新加坡港引航服务变更或取消费率表（自2016年1月1日起生效） 附表6

船舶总吨位	每次取消或变更
如在确认的服务时间前4小时以上提出取消或变更	
如在确认的服务时间前不足4小时提出取消或变更	
A. 普通船舶	
6000总吨以下	227新元
6000～1.2万总吨	251.5新元
1.2万～2万总吨	277新元
2万～3万总吨	315新元
3万～4万总吨	352.5新元
4万～5万总吨	390新元
5万～6万总吨	427.5新元
6万～7万总吨	465新元
7万～8万总吨	487新元
8万～9万总吨	509新元
9万～10万总吨	531新元
10万～11万总吨	553新元
11万～12万总吨	575新元
12万总吨以上	597新元

续上表

船舶总吨位	每次取消或变更
B. 特殊船舶和被拖船舶	
6000 总吨以下	454 新元
6000 ~ 1.2 万总吨	503 新元
1.2 万 ~ 2 万总吨	554 新元
2 万 ~ 3 万总吨	630 新元
3 万 ~ 4 万总吨	705 新元
4 万 ~ 5 万总吨	780 新元
5 万 ~ 6 万总吨	855 新元
6 万 ~ 7 万总吨	930 新元
7 万 ~ 8 万总吨	974 新元
8 万 ~ 9 万总吨	1018 新元
9 万 ~ 10 万总吨	1062 新元
10 万 ~ 11 万总吨	1106 新元
11 万 ~ 12 万总吨	1150 新元
12 万总吨以上	1194 新元
需要紧急援助或特殊援助的船舶	1134.5 新元

如在确认的服务时间前不足 4 小时提出服务变更请求,公司有权决定是否接受该请求。如接受该变更请求,则按照上表列出的标准收费。如公司决定不接受该变更请求,服务预订将被取消并向公司支付取消费。

参 考 文 献

[1] 杨峰. 试析引航过程中的赔偿责任[D]. 大连:大连海事大学,2006.

[2] 刘孜文. 引航员法律制度研究[D]. 上海:复旦大学,2008.

[3] 孙健. 船舶引航中相关法律问题研究[D]. 青岛:中国海洋大学,2008.

[4] 赵吉东. 中国船舶引航制度研究[D]. 天津:天津大学,2005.

[5] 柳高扬. 船舶引航法律问题研究[D]. 大连:大连海事大学,2012.

[6] 张保良. 委托合同理论研究[D]. 武汉:华中师范大学,2005.

[7] 马武斌. 提升深圳引航服务质量的对策研究[D]. 大连:大连海事大学,2012.

[8] 吴筱颖. 舟山引航站管理体制改革研究[D]. 大连:大连海事大学,2015.

[9] 王强. 长江江苏段引航服务供给研究[D]. 大连:大连海事大学,2016.

[10] 赵乃升,肖广建. 城市公用事业市场化的特许经营之路[J]. 城市基础设施,2006,(3):43-45.

[11] 王春涛. 浅谈市政公用行业市场化改革及特许经营制度建设[J]. 内蒙古科技与经济,2007,146(16): 45-85.

[12] 曹现强. 转变发展模式 建设公共服务型公用事业[J]. 城市发展研究,2009,96(9): 142-85.

[13] 杨培举. 引航:一个被忽视的行业[J]. 中国船检,2005(10): 32-35.

[14] 陈治政. 美国引航机构发展与组织管理考察报告[J]. 中国水运,2009,320(3): 20-21.

[15] 陈建华. 考察德国引航管理的启示[J]. 珠江水运,2002(9): 10-13.

[16] 梁荣森. 浅析引航员的责任[J]. 中国水运,2009(10): 10-11.

[17] 杨惠安,秦臻. 再论引航员引航时船长的责任[J]. 航海技术,2008,170(4): 6-7.

[18] 朱建平. 对引航改革的几点体会和建议[J]. 中国港口,2001(10): 30.

[19] 乔归民. 船长与引航员关系的法律分析[J]. 中国航海,2007,70(1): 19-24,28.

[20] 潘国华,朱小浩. 引航业与竞争机制二者可和谐共存吗[J]. 中国水运,2009(3):11.

[21] 梁军. 从强制引航的法律关系看引航员、船长的安全协作[J]. 科技创新导报,2009,143(35): 213.

[22] 张欣. 论强制引航员的责任主体[J]. 珠江水运,2005(12): 31-32.

[23] 杨惠安. 浅论船舶引航[J]. 上海远洋,2008(6):268-271.

[24] 康维奇,周刚. 强制引航与船长责任的法律思考[J]. 航海技术,2002(1): 19.

[25] 袁发强. 试析引航过失中的赔偿责任[J]. 航海技术,1997(4): 74-78.

[26] 何德思,马金骑,邓进乐. 关于我国引航体制改革的探讨[J]. 中国港口,2005(1): 51.

[27] 蔡中康,倪彦博. 我国港口引航体制改革浅析[J]. 中国港口,2005(3): 16-17,30.

[28] 王学锋,许波桅. 我国引航体制发展问题前瞻[J]. 中国港口,2005(9): 17-18.

[29] 王智. 论"中华人民共和国引航法"立法的必要性[J]. 世界海运,2004(2): 35-36.

[30] 宣晓东. 引航员与船长的职责冲突和权限划分[J]. 航海技术,2006(5): 70-71.

[31] 李恭忠.《中国引水总章》及其在近代中国的影响[J]. 历史档案,2000(3):103-106,112.

[32] 王晓海. 我国港口引航管理制度架构研究[J]. 硅谷,2010(1): 207.

[33] 冯开峰. 船舶引航安全[J]. 中国科技博览,2011(15):147.
[34] 杨华雄. 引航的特点及管理小议[J]. 水运管理,1998(12): 30-31.
[35] 眭凌. 我国引航不能采用完全自由竞争模式的探讨[J]. 中国港口,2012(12): 51-52.
[36] 眭凌. 推进全国引航机构事业单位改革的探讨[J]. 水运管理,2013(3): 38-42.
[37] 王春涛. 浅谈市政公用行业市场化改革及特许经营制度建设[J]. 内蒙古科技与经济,2007,146(16): 45-46.
[38] 高慧君. 中外船舶引航费率水平的比较研究[J]. 水运科学研究所学报,2004(1):1-9.
[39] 肖克平. 我国沿海港口引航管理体制改革主要问题研究[J]. 水运科学研究所学报,2004(3):8-13.
[40] 王杰. 中国港口引航组织机构模式的选择[J]. 大连海事大学学报,2007,23(3): 58-61.
[41] 眭凌. 我国引航发展的历史沿革和策略分析[J]. 大连海事大学学报,2013(2): 77-80.
[42] 重盛. 引水疏失,谁来买单[J]. 航贸月刊,2010(2):11.
[43] 张丽,王秀芬. 我国引航法律制度研究[J]. 法学杂志,2012,33(1):88-91.
[44] 童洁. 引航体制改革从序曲到高潮[J]. 航运交易公报,2007(30):15.
[45] PAUI G, KIRCHNER, CLAYTON L, et al. Unique Institutions, Indispensable Cogs, and Hoary Figures: Understanding Pilotage Regulation in the United States[J]. U. S. F. Maritime Law Journal, 2010,(11): 168-205.
[46] 肖英杰. 论海员劳务雇用合同[J]. 上海海运学院学报,1997(2):69-72.
[47] 孙健. 引航过失的法律责任分析与探讨[EB/OL]. 中国引航网,2009.
[48] 李薇,陈国雄. 港口引航管理体制改革告别“三年之痒”[J]. 水路运输文摘,2006(5): 6-8.
[49] 佚名. 加拿大引航发展模式. [J]. 港口经济,2012(1):60.
[50] 赵刚,徐红雨. 引航改制[J]. 珠江水运,2006(3):4-7.
[51] 陈建华. 德国引航管理考察的启示[J]. 中国港口,2002(8):13-14.
[52] 眭凌. 典型国家和地区港口引航发展状况及其启示[J]. 交通改革与发展,2022(3): 1-12.
[53] 眭凌. 典型国家和地区港口引航发展模式分析[J]. 中国港口,2021(12):14-18.
[54] 眭凌.《港口收费计费办法》修订解读[J]. 中国港口,2017(11):14-15.
[55] 眭凌,徐萍,余静,等. 我国港口价格形成机制及发展趋势[J]. 价格理论与实践,2016(7):81-83.
[56] 眭凌,高爱颖,闫磊,等. 港口费收调整解读[J]. 中国港口,2015(9):10-12.
[57] 眭凌. 关于引航费收调整的答疑[J]. 中国引航,2015(9):10-11.
[58] 眭凌,徐萍,余静,等. 我国港口价格形成机制及发展趋势[J]. 水运管理,2015(1):14-18.
[59] 梁晓杰, 徐萍, 眭凌. 引航的行业特征和属性探讨[J]. 中国港口,2014(10):6-9.
[60] 徐万良,李恭忠. 中国引航史[M]. 北京:人民交通出版社,2001.
[61] 成思危. 中国事业单位改革——模式选择与分类指导[M]. 北京:民主与建设出版社,2000.
[62] 吴东民,董西明. 非营利组织管理[M]. 北京:中国人民大学出版社,2003.

[63] 中华人民共和国辽宁海事局. 引航员管理法规汇编[M]. 大连:大连海事大学出版社,2008.
[64] 绕滚金. 引航员适任培训系列教材 职位与法规[M]. 大连:大连海事大学出版社,2012.
[65] 叶红军. 港口法解析[M]. 北京:人民交通出版社,2003.
[66] 司玉琢. 海商法[M]. 北京:法律出版社,2007.
[67] 冯辉. 英美海商法[M]. 北京:对外经济贸易大学出版社,2004.
[68] 张湘兰,邓瑞平,杨松. 海商法论[M]. 武汉:武汉大学出版社,2001.
[69] 司玉琢. 海商法大辞典[M]. 北京:人民交通出版社,1998.
[70] 司玉琢. 国际海事立法趋势及对策研究[M]. 北京:法律出版社,2002.
[71] 格拉夫. 德意志联邦共和国海上引航法[M]. 北京:人民交通出版社,1988.
[72] 眭凌,等. 我国港口收费改革理论与实践[M]. 北京:人民交通出版社股份有限公司,2020.
[73] EDWARD. 国际引航协会对引入引航竞争机制的看法[C]. 国际引航协会 2007 年会,2007.
[74] 陈学思. 引航员、船与长江引航安全关系探究[C]. 中国航海学会内河海事专业委员会 2009 年年会暨第三届内河海事论坛,2009: 2.
[75] 王小金. 浅析船舶引航中船长应把握的几个环节[C]. 船长与引航论文集,2005:35-41.
[76] 眭凌. 费率结构简化了 市场味更浓了——解读《中华人民共和国港口收费计费办法, 中国交通报[N]. 2016-01-19(06).
[77] 眭凌. 国外港口咋收费? [N]. 中国交通报,2016-02-02(06).
[78] 眭凌. 还原真实的港口收费[N]. 中国交通报,2016-02-23(06).